Integrated Korean Workbook

Beginning 2

Sung-Ock Sohn

KLEAR Textbooks in Korean Language

This textbook series has been developed by the Korean Language Education and
Research Center (KLEAR) with the support of the Korea Foundation.

ISBN-13: 978-0-8248-2184-5
ISBN-10: 0-8248-2184-X

Camera-ready copy has been provided by the authors.

University of Hawai'i Press books are printed on acid-free paper
and meet the guidelines for permanence and durability of the Council
on Library Resources.

Printed by Thomson-Shore, Inc.

www.uhpress.hawaii.edu

CONTENTS

제8과   연구실에서 (Lesson 8: At a Professor's Office)

Grammar Exercises

G8.1   ~는데/(으)ㄴ데 (background information)

A.   Combine the two sentences using the ~는데/(으)ㄴ데 form.

> 보기: 버스를 기다려요/버스가 안 와요
> → <u>버스를 기다리는데 안 와요.</u>

1. 비가 와요/우산이 없어요

   → _____

2. 한국말을 배워요/아주 어려워요

   → _____

3. 어제 친구한테 전화했어요/없었어요

   → _____

4. 기숙사 방이 작아요/룸메이트하고 같이 써요

   → _____

5. 한국어 수업이 재미있어요/숙제가 많아요

   → _____

6. 오늘은 좀 바빠요/내일 만나요

   → _____

7. 겨울이에요/날씨가 따뜻해요

   → _____

8. 날씨가 추워요/같이 커피 마셔요

   → _____

9. 경제학 수업을 들어요/어려워요

   → _____

B.   Practice as in the example using ～는데/(으)ㄴ데.

보기:

A: <u>버스가 안 오는데</u> 기다릴 거예요?
B: 네. 기다릴 거예요.

1.

A: _____ 우산이 있으세요?
B: 없어요.

2.

A: _____ 어디 가세요?
B: 수영하러 가요.

3.

A: 이번 학기 무슨 수업 들으세요?
B: _____ 어려워요.

4.

A: 지난 주말에 뭐 했어요?
B: 친구하고 _____ 참
  재미있었어요.

5.

A: 어제 저녁 어디서 먹었어요?
B: 한국 식당에서 _____ 굉장히
  맛있었어요.

G8.2   The sentence ending ～는데요/(으)ㄴ데요

C.   Respond to speaker A using the ～는데요/(으)ㄴ데요 form.

보기: A: 한국어 수업이 재미있지요?
        B: 네, 정말 <u>재미있는데요.</u>

1. A: 요즘 날씨가 참 춥지요?
   B: _____

2. A: 대학교 캠퍼스가 아주 넓지요?
   B: _____

3. A: 학교 식당이 복잡하지요?
   B: _____

4. A: 거기 은행이지요?
   B: _____

D. Answer the following questions using ～는데요/(으)ㄴ데요.

> 보기: A: 한국어 사전 있으세요?
>   B: 아니오, <u>지금 없는데요.</u>

1. A: 숙제 다 했어요?
   B: 아니오, _____.

2. A: 여보세요. 거기 영미 씨 집이지요? 영미 씨 집에 있어요?
   B: 아니오, _____.

3. A: 어제 마이클 씨 학교에 왔어요?
   B: 아니오, _____.

4. A: 이번 주말에 우리 집에서 파티가 있는데 오세요.
   B: _____.

G8.3 Expressing desire: ～고 싶다/싶어하다

E. Practice as in the example.

> 보기:
>   Q: 이번 주말에 뭐 하고 싶으세요?
>   A: <u>친구하고 수영하고 싶어요.</u>

1.

_____

2.

_____

3.

_____

4.

_____

5.

_____

6.

_____

7.

_____

8.

_____

9.

_____

10.

_____

F. Answer the following questions about yourself in Korean.

1. 이번 주말에 뭐 하고 싶으세요?

   _____

2. 오늘 저녁 뭐 먹고 싶으세요?

   _____

3. 무슨 영화를 보고 싶으세요?

   _____

4. 다음 학기에 무슨 수업을 듣고 싶으세요?

   _____

5. 어떤 남자/여자하고 데이트하고 싶으세요? (어떤 'what kind of')

   _____

6. 졸업하고 어떤 일을 하고 싶으세요? (어떤 일 'what kind of work')

   _____

7. 이 다음에 어디서 살고 싶으세요?

   _____

8. 봄방학에 어디 놀러 가고 싶으세요?

   _____

G. Practice as in the example.

> 보기: 저는 커피를 마시고 싶어요.
> → 영미는 차를 <u>마시고 싶어해요.</u> (차 'tea')

1. 저는 중국 음식을 먹고 싶어요.
   영미는 _____.
2. 저는 주말에 테니스를 치고 싶어요.
   영미는 _____.
3. 저는 이번 학기에 한국어 수업을 듣고 싶어요.
   영미는 _____.

4. 저는 학교 기숙사로 이사하고 싶습니다.

영미는 _____.

5. 저는 생일에 꽃을 선물 받고 싶습니다.

영미는 _____.

6. 저는 오늘 저녁 농구 시합을 보고 싶습니다. (농구 시합 'basketball game')

영미는 _____.

G8.4 Asking someone's opinion ~(으)ㄹ까요?

H. Practice as in the example.

보기:	날씨가 좋아요. → 날씨가 <u>좋을까요?</u>

1. 내일 비가 와요. _____
2. 시험이 쉬워요. _____
3. 은행이 가까워요. _____
4. 의자가 불편해요. _____
5. 교통이 복잡해요. _____
6. 날씨가 추워요. _____
7. 집이 멀어요. _____
8. 지하철이 빨라요. _____

I. Practice as in the example.

보기:	차	A: 차가 <u>막힐까요?</u> B: 네, 많이 막힐 거예요.

1. 영화   A: _____?

B: 네, 재미있을 거예요.

2. 사람   A: _____?

               B: 네, 많을 거예요.

3. 식당 일   A: _____?

               B: 네, 힘들 거예요.

4. 무슨 선물   A: _____?

               B: 꽃이 좋을 거예요.

5. 시험   A: _____?

               B: 네, 어려울 거예요.

G8.5 The noun-modifying form ~는

J. Underline the noun-modifying clause and translate the sentence into English.

> 보기: <u>신문을 읽는</u> 남자는 우리 오빠예요.
> 'The man who is reading the newspaper is my older brother.'

1. 텔레비전을 보는 사람은 샌디예요.

_____

2. 꽃을 좋아하는 여학생들이 많아요.

_____

3. 커피를 마시는 사람은 우리 언니예요.

_____

4. 영미는 운동을 잘 하는 남자를 좋아해요.

_____

5. 백화점에서 선물을 사는 사람들이 많아요.

_____

6. 방에서 책을 읽는 사람은 내 동생이에요.

_____

7. 이번 학기 한국어를 가르치시는 선생님은 이 민수 선생님입니다.

_____

8. 비가 오는 날 교통이 복잡합니다.

_____

9. 이 시계는 학교 앞에 있는 백화점에서 샀습니다.

_____

10. 학교 근처 아파트에서 룸메이트하고 같이 사는 학생들이 많습니다.

_____

K. Change the following sentences as in the example.

> 보기: 스티브는 재미있는 책을 <u>읽어요</u>.
>   → 스티브가 <u>읽는</u> 책은 재미있어요.

1. 영미는 중국 음식을 <u>좋아해요</u>.

   → 영미가 _____ 음식은 중국 음식이에요.

2. 민지는 학교에서 가까운 아파트에서 <u>살아요</u>.

   → 민지 씨가 _____ 아파트는 학교에서 가까워요.

3. 유진이는 서울에서 대학교에 <u>다녀요</u>. (다니다 'to attend')

   → 유진이가 _____ 대학은 서울에 있어요.

4. 마크는 지금 한국 신문을 <u>봐요</u>.

   → 마크가 지금 _____ 신문은 한국 신문이에요.

5. 스티브는 주말에 친구 마크하고 같이 테니스를 <u>쳐요</u>.

   → 스티브가 주말에 같이 테니스를 _____ 친구는 마크예요.

6. 저는 코메디 영화를 <u>보고 싶어요</u>. (코메디 'comedy')

   → 제가 _____ 영화는 코메디예요.

L. Fill in the blanks with the noun-modifying form ~는.

1. 이번 학기 한국어를 (배우다) _____ 학생들이 많아요.
2. 지금 수영장에서 (수영하다) _____ 사람이 누구예요?
3. 아침을 안 (먹다) _____ 학생들이 많아요.
4. 기숙사에 (살다) _____ 남학생이 세 명 있어요.
5. 이 음악은 제가 자주 (듣다) _____ 음악이에요.

6. 지금 운동장에서 (놀다) _____ 아이는 제 동생이에요.

7. 저는 이 식당에서 음식을 (만들다) _____ 사람을 알아요.

M. Practice as in the example.

> 보기: (쉬다 'to rest', 날 'day', 골프 치다 'to play golf')
>
> 쉬다   A: <u>쉬는 날</u>에는 뭐 하세요?
>
>   B: 골프 쳐요.

1. 놀다   A: _____ 날에는 보통 뭐 하세요?

                     B: 테니스 쳐요.

2. 일하다   A: _____ 날은 언제예요?

                     B: 화요일하고 목요일이에요.

3. 가다   A: 학교에 안 _____ 날은 언제예요?

                     B: 금요일이에요.

4. 쉬다   A: _____ 시간에는 뭐 하세요?

                     B: 음악을 들어요.

N. Make sentences using the noun modifying form ~는, as in the example.

> 보기: 샌디    음악을 <u>듣는</u> 사람은 샌디예요.

1. 마이클   2. 민수

_____   _____

3. 유진

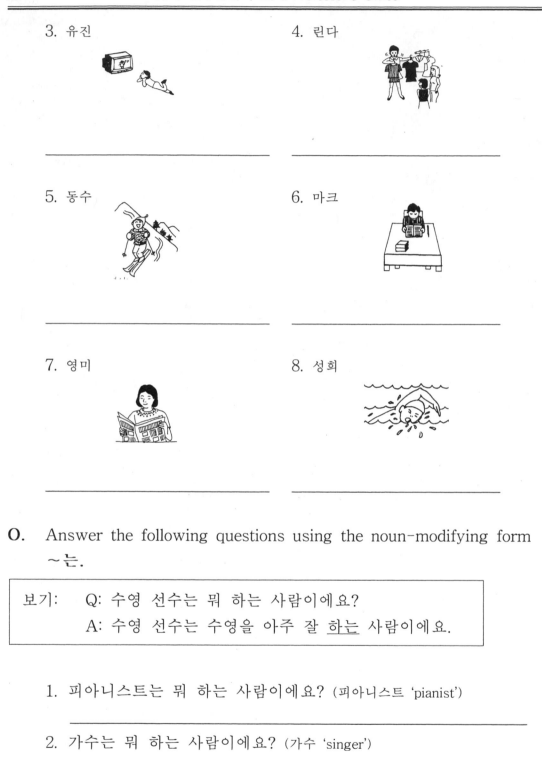

_____

4. 린다

_____

5. 동수

_____

6. 마크

_____

7. 영미

_____

8. 성희

_____

O. Answer the following questions using the noun-modifying form ~는.

보기: Q: 수영 선수는 뭐 하는 사람이에요?
　　　　A: 수영 선수는 수영을 아주 잘 <u>하는</u> 사람이에요.

1. 피아니스트는 뭐 하는 사람이에요? (피아니스트 'pianist')

_____

2. 가수는 뭐 하는 사람이에요? (가수 'singer')

_____

3. 도서관은 뭐 하는 데예요? (데 'place')

_____

4. 식당은 뭐 하는 데예요?

_____

5. 책방은 뭐 하는 데예요?

_____

6. 맥도날드는 뭐 하는 데예요? (맥도날드 'McDonald's')

_____

7. 발렌타인 데이는 무슨 날이에요? (발렌타인데이 'Valentine's Day')

_____

8. 캔사스 시티는 어는 주에 있는 도시예요? (주 'state')

_____

9. 시카고는 어떤 도시예요? (어떤 도시 'what kind of city')

_____

10. 우리 학교 오는 버스는 몇 번 버스예요? (몇 번 'what number')

_____

G8.6 ~어서/아서 (cause)

P. Combine the two sentences as in the example.

> 보기: 비가 왔어요. 그래서 집에 있었어요.
>
> → 비가 <u>와서</u> 집에 있었어요.

1. 교통이 아주 복잡해요. 그래서 지하철을 탈 거예요.

→ _____

2. 늦게 일어났어요. 그래서 수업 시간에 늦었어요.

→ _____

3. 어제 너무 바빴어요. 그래서 숙제를 못했어요.

→ _____

4. 친구를 기다렸는데 안 왔어요. 그래서 친구한테 전화했어요.

→ _____

5. 친구가 아주 보고 싶어요. 그래서 오후에 전화를 할 거예요.

→ _____

6. 한국어를 잘 하고 싶어요. 그래서 한국어를 배워요.

→ _____

7. 의사가 되고 싶어요. 그래서 의대에 갈 거예요. (의대 'medical school')

→ _____

8. 변호사가 되고 싶어요. 그래서 법대에 가요. (변호사 'lawyer', 법대 'law school')

→ _____

9. 갈비를 먹고 싶었어요. 그래서 동생하고 한국 식당에 갔어요.

→ _____

Q. Practice as in the example, using ~어서/아서.

보기:　　　A: 왜 날마다 학교 식당에서 점심을 먹어요?

  = 99 ¢

　　　　　B: 햄버거가 <u>싸서</u> 먹어요.

1. 마크 씨가 왜 아침에 늦게 일어났을까요?

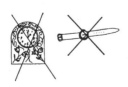

시계/없다　　　　　　　　　　　　텔레비전/많이 보다

_____　　　_____

2. 왜 이 사람이 옷을 못 살까요?

3. 왜 이 남자가 스트레스가 많을까요? (스트레스 'stress')

_____   _____

R. Make up a sentence to go with the picture, using ～어서/아서.

보기: 시험이 있어서 공부해요.

1. 98° F

2. 졸리다/커피를 마시다

_____   _____

3.

4. 배가 아프다/못 먹다

_____   _____

5.

6. 신발이 작다/발이 아프다

G8.7 그렇지만 'but'

S. Complete the sentences below using 그렇지만.

1. 제가 사는 아파트는 학교에서 가깝고 조용하고 깨끗합니다.
   그렇지만 _____.

2. 작년 겨울 방학동안 친구들하고 스키 타러 가고 싶었습니다.
   그렇지만 _____.

3. 우리 학교는 캠퍼스가 굉장히 넓고 좋습니다.
   그렇지만 _____.

4. 오늘 선생님하고 10시에 약속했습니다.
   그렇지만 _____.

5. 차가 많이 막혀서 약속 시간에 20분 늦었습니다.
   그렇지만 _____.

6. 한국어를 잘 말하고 싶습니다.
   그렇지만 _____.

T. Juxtapose sentences in column A with those in column B using 그렇지만 so that the two sentences make sense.

보기: 공부를 많이 했어요. <u>그렇지만</u> 시험을 잘 못 봤어요.

1. _____

2. _____

3. _____

4. _____

5. _____

6. _____

7. _____

Column A		Column B
한국어를 듣고 싶어요. 이 옷이 예뻐요. 공부를 많이 했어요. 지금 점심을 먹고 싶어요. 비가 많이 와요. 한국어를 잘 못해요. 날씨가 흐리고 추웠어요.	그렇지만	시험을 잘 못 봤어요. 시간이 없어요. 우산이 없어요. 돈이 없어서 못 사요. 이번 학기는 못 들어요. 파티에 사람들이 많이 왔어요. 열심히 연습할 거예요.

Speaking Activities

Visiting a professor's office: how to start a conversation

A. Practice the following dialogue, replacing the underlined portions.
(건축학 'architecture', 경제학 'economics', 생물학 'biology', 심리학 'psychology', 정치학 'political science', 한국 역사 'Korean history', 한국 문학 'Korean literature', 화학 'chemistry')

학생: 　저어, 실례합니다. 이 교수님 연구실이지요?

교수님: 네, 그런데요. 어떻게 오셨어요?

학생: 　저는 ＿＿＿＿＿＿＿＿(your name) 입니다.
　　　 이번 학기에 한국어 수업을 듣고 싶은데요.

Asking and stating wishes

B. Ask your partner the following questions and report the answers to the class.

1. 여름 방학에 뭐 하고 싶어요? ＿＿＿＿＿＿＿＿＿＿＿
2. 졸업하고 무슨 일을 하고 싶어요? ＿＿＿＿＿＿＿＿＿
3. 어디서 일하고 싶어요? ＿＿＿＿＿＿＿＿＿＿＿＿＿
4. 앞으로 어디서 살고 싶어요? ＿＿＿＿＿＿＿＿＿＿
5. 어떤 남자/여자하고 데이트하고 싶어요? (어떤 'what kind of')

＿＿＿＿＿＿＿＿＿＿＿＿＿＿＿＿＿＿＿＿＿＿＿

C. What would you like to do if you were in the following situations? (배가 고프다 'to be hungry', 목이 말라요 'to be thirsty', 봄방학 'spring break', 멋있어요 'is attractive')

1. 돈이 굉장히 많아요.

＿＿＿＿＿＿＿＿＿＿＿＿＿＿＿＿＿＿＿＿＿＿＿

2. 바빠서 아침을 못 먹었어요. 그래서 아주 배가 고파요.

_____

3. 날씨가 아주 더워요. 그래서 목이 말라요.

_____

4. 오늘부터 봄방학이에요.

_____

5. 여학생/남학생을 만났는데 멋있어요.

_____

Talking about yourself

D. Get together with your classmates. First introduce yourself and then ask each other for the following information. Your teacher will demonstrate.

가족, 친구, 고향, 학교, 전공, 취미 (hobby), 여행 (travel), 좋아하는 배우/가수/노래 (song)/책/음식, 만나고 싶은 사람

E. Describing people.

보기:	A: 랩에서 한국어를 연습하는 사람은 누구에요?
	B: 랩에서 한국어를 연습하는 사람은 샌디예요.

Practice as in the example.

샌디   마크   성희

스티브

성희 어머니

유진

성희

동수

이 민수 선생님

Giving reasons

F. Give reasons for the following situations, using ～어서/아서.

보기: A: 어제 학교에 갔어요?
B: 아니오, 안 갔어요.
A: 왜 안 갔어요?
B: <u>비가 많이 와서 안 갔어요</u>.

1.   A: 컴퓨터 샀어요?
B: 아니오, 못 샀어요.
A: 왜 아직 못 샀어요? (아직 'not yet')
B: _____

2.   A: 집에 전화 자주 하세요?
B: 아니오, 자주 못 해요.
A: 왜 자주 안 해요?
B: _____

3.

A: 어제 어디 갔어요?

B: 병원에 갔어요.

A: 왜요?

B: _____

4.

A: 왜 생일 파티에 못 왔어요?

B: _____

(차 사고가 나다 'to have a car accident')

5.

A: 오늘 왜 수업 시간에 늦었어요?

B: _____

Making an apology and giving reasons

G. Situation 1: You are meeting your Korean professor for the first time, but you are late for the appointment because of heavy traffic. Apologize and give your reason for being late.

Situation 2: You borrowed your roommate's umbrella and lost it. (빌리다 'to borrow', 잃어버리다 'to lose')

Situation 3: You made an international call at your friend's place without your friend's permission. (국제 전화 'international call')

Turning down an offer politely

H. Turn down the following offers or suggestions politely, using ～는데요/(으)ㄴ데요.

1. 날씨가 좋은데 테니스나 치러 갈까요?

_____

2. 점심 시간인데 학교 식당에 점심 먹으러 갈까요?

3. 오늘 수업이 없는데 같이 놀러 갈까요?

_____

4. 주말인데 저녁에 영화나 보러 갈까요?

_____

5. 내일 영미 씨 생일인데 저녁이나 같이 먹을까요?

_____

Asking for an opinion

I. Practice the following dialogue with your classmate.

A: 지난 학기 <u>한국어</u> 수업 들었지요?
B: 네, 들었어요.
A: <u>한국어</u> 수업이 어땠어요?
B: 재미있었는데 단어가 많아서 좀 힘들었어요.
A: 다음 학기에도 <u>한국어</u> 수업 들을 거예요?
B: 네, 재미있어서 또 듣고 싶어요.

J. Now substitute the name of another class for the underlined portions above. Make up a new dialogue using the patterns suggested below.

A: 지난 학기 _____수업 들었지요?
B: 네, 들었어요.
A: _____ 수업이 어땠어요?
B: _____어서/아서 좀 힘들었어요.
A: 다음 학기에도 _____ 수업 들을 거예요?
B: _____어서/아서 _____.

K. Imagine you want to see a movie that your friend saw recently. Ask your friend's opinion about the movie, using the model dialogue above.

L. Look at the table and make up a dialogue to go with it, as in the example.

| 보기: | A: 집 근처 슈퍼마켓이 어때요? |
| | B: 깨끗하고 커서 좋아요. |

보기	supermarket near home	clean and big, so it is good
1	department store near school	too expensive, so it is not good
2	supermarket near home	there are many people but inexpensive, so it is good
3	bank near home	there are few people, so it is good
4	school library	there are many books, so it is good
5	school bookstore	things are inexpensive, so it is good

M. Look at the following descriptions of apartments and practice as in the example.

방이 넓어요/커요/좁아요, 학교에서 가까워요/멀어요, 싸요/비싸요, 조용해요 'quiet'/시끄러워요 'noisy', 깨끗해요 'clean'/더러워요 'dirty', 수영장 'swimming pool'이 있어요/없어요, 화장실 'bathroom'

| 보기: | A: 아파트 A는 어때요? |
| | B: 방은 넓고 커서 좋은데, 너무 비싸요. |

Apartment	Description	Positives	Negatives
A	Two bedrooms $900 + utilities 331-1695	2 baths, large bedrooms	Too expensive
B	One bedroom $580 336-8890	Walking distance to campus	Small bedroom
C	Two bedrooms $600 441-7945	Spacious and clean	1 bath only, commercial area (noisy)
D	One bedroom $350 825-9032	Swimming pool, clean	10 miles from school
E	One bedroom $300 441-7643	Near campus, spacious, swimming pool	Old and dirty

Listening Comprehension

Pronunciation Practice

A. Listen carefully to the following words and sentences, which are repeated twice. Repeat each word and sentence aloud.

1. 실례합니다   실례합니다. 박 교수님 연구실이지요?
2. 듣고 싶은데요   한국 역사를 듣고 싶은데요.
3. 앉으세요   여기 앉으세요.
4. 대학교   어느 대학교에 다니세요?
5. 일년   한국에 일년 있을 거예요.
6. 앞으로   앞으로 선생님이 되고 싶은데요.
7. 문화   한국 문화를 몰라요.
8. 전공하고 싶습니다   동양학을 전공하고 싶습니다.
9. 많이 막혀서   차가 많이 막혀서 늦었습니다.
10. 학기   다음 학기에는 몇 과목 하세요?
11. 내일 뵙겠습니다   그럼 내일 뵙겠습니다.
12. 편해요   교통이 편해요.
13. 몇 호선   몇 호선 타세요?
14. 굉장히   굉장히 복잡해요.

B. Repeat after each phrase, paying close attention to the contrast between the two expressions. One phrase in each pair is repeated. Circle the phrase you hear.

1. 올까요?   올 거예요?
2. 맛있어요.   마셨어요.
3. 배우는데요.   배웠는데요.
4. 맛있는데요.   마셨는데요.
5. 어땠어요?   어떠세요?
6. 좋지요?   좁지요?

7. 시작했어요.　　　시작하세요.

8. 만날까요?　　　많을까요?

9. 사고 싶은데요.　　　살고 싶은데요.

10. 싫어요　　　쉬워요.

11. 쉬웠어요.　　　쉬었어요.

12. 묻겠습니다.　　　뵙겠습니다.

13. 갖고 싶은데요.　　　가고 싶은데요.

14. 좋을까요?　　　좁을까요?

C. Fill in the blanks as you listen to the tape.

> 보기:　　한국어를 (얼마나) 배웠어요?

1. 한국어와 한국 문화를 공부하고 _____.

2. 내일 아침 몇 시에 시험을 _____?

3. 몇 시에 _____?

4. 요즘 한국어 수업이 _____?

5. _____ 죄송합니다.

6. 차가 많이 _____ 늦었습니다.

7. 교통이 아주 _____?

8. 여기까지 직접 오는 버스가 _____ 택시 타고 왔어요.

9. 지하철이 빠르고 _____.

10. 어려운 _____가 많이 나와서 좀 힘들었어요.

D. Listen to the conversation between Young-mee and Prof. Lee and answer the questions in English.

1. Why is Young-mee visiting Prof. Lee?
   a. to major in Korean
   b. to take a Korean class

    c. to take a placement test

    d. to change her major

2. How long has Young-mee taken Korean?

    a. one semester

    b. two semesters

    c. one year

    d. two years

3. In the future, what does Young-mee plan to major in?

    a. economics

    b. Korean

    c. Asian studies

    d. political science

E. Listen to the conversation between two friends and answer the questions in English.

1. What was Mark doing at the time?

_____

2. What subway number goes to school?

_____

3. Where is Sandy headed?

_____

4. What do Sandy and Mark plan to do together?

_____

F. Listen to the information about Sandy and answer the questions in English.

1. When did Sandy go to Seoul?
    a. a month ago
    b. two months ago

c. three months ago

d. four months ago

2. Why did Sandy go to Seoul?

   a. to travel

   b. to visit a friend

   c. to learn Korean

   d. to meet Prof. Park

3. Where did Sandy learn Korean before going to Korea?

   a. China   b. United States

   c. Canada   d. Japan

4. Why was Sandy late for the appointment?

   a. Her car broke down.

   b. She got up late.

   c. She was caught in a traffic.

   d. She got lost on the way.

5. How does Sandy describe Seoul?

   a. crowded   b. exciting

   c. polluted   d. exotic

G. Listen to the taped conversation between Minji and Mark, and then answer the questions.

1. How does Mark describe the Korean class that he took last quarter?

   a. It was fun, but there was so much vocabulary.

   b. There were too many tests and assignments.

   c. It was good, but the instructor was not organized.

   d. It was very fast paced, but enjoyable.

2. What does Mark plan to do next quarter?

   a. He will study harder.

b. He will visit his Korean professor more often.

c. He will continue to take Korean courses.

d. He will turn in all the homework on time.

H. Fill in the blanks as you listen to the paragraph being read.

영미는 지난 주에 아파서 학교에 못 갔습니다. 그래서 한국어
수업에도 (1)_____. 오늘 영미는 한국어를
가르치시는 김교수님을 (2)_____ 연구실에 갔습니다.
그런데 아침에 늦게 (3)_____ 약속 시간에 10분
늦었습니다. 김교수님은 영미에게 한국어 시험을 주셨습니다.
(4)_____ 단어가 많아서 시험이 좀 힘들었습니다.
(5)_____ 김교수님이 가르치시는 한국어 수업은
참 재미있습니다.

I. Listen to the questions and answer in Korean.

1. _____

2. _____

3. _____

4. _____

5. _____

6. _____

7. _____

8. _____

9. _____

10. _____

Reading Activities

Read the following passage and answer the questions in Korean.
(역사 'history', 체육관 'gym', 코메디 'comedy', 만화 'cartoon', 스키 타다 'to ski')

저는 이번 학기에 다섯 과목을 듣습니다. 제가 좋아하는 수업은 한국 역사와 한국어 수업입니다. 저는 하루 수업이 세 개 있는 날도 있고, 네 개 있는 날도 있습니다. 수업이 네 개가 있는 날은 아주 바쁩니다. 수업이 많은 날은 시간이 없어서 점심을 못 먹습니다. 그리고 저는 일주일에 여덟 시간 학교 책방에서 일도 합니다. 그렇지만 수업이 없는 시간에는 운동하러 체육관에 갑니다. 체육관에는 운동하러 오는 학생들이 굉장히 많습니다. 숙제가 많아서 저녁에는 숙제하러 도서관에 갑니다.

학교 근처 극장에서는 재미있는 영화를 많이 합니다. 주말에는 한국어반에서 같이 공부하는 친구들하고 영화 보러 갑니다. 제가 좋아하는 영화는 코메디하고 만화 영화입니다.

봄방학에는 친구들하고 스키 타러 가고 싶습니다. 지난 겨울 방학에도 스키를 타러 가고 싶었는데 아파서 못 갔습니다.

1. 제임스 씨는 무슨 수업을 좋아합니까? _____
2. 제임스 씨가 점심을 못 먹는 날은 언제입니까?

   _____

3. 수업이 없는 시간에는 무엇을 합니까?

   _____

4. 제임스 씨는 어떤 영화를 좋아합니까? (어떤 'what kind of')

   _____

5. 이번 봄방학동안 제임스 씨는 무엇을 하고 싶어합니까?

   _____

6. 제임스 씨는 왜 지난 겨울에 스키 타러 못 갔습니까?

   _____

Writing Activities

A. Write a personal statement about yourself (vital statistics, major, interests, and so on) based on the following format.

안녕하십니까?

제 이름은 _____입니다.

저는 _____에서 왔습니다.

저는 _____ 대학교 _____ 학년입니다.

제 전공은 _____입니다.

이번 학기에 _____, _____, _____을/를 듣습니다.

저는 한국어를 _____ 동안 배웠습니다.

한국어는 _____습니다/ㅂ니다.

그렇지만 _____ 습니다/ㅂ니다.

저는 앞으로 _____이/가 되고 싶습니다. (되다 'to become')

저는 _____에 있는 _____에서 삽니다.

제 아파트/기숙사는 _____고 _____습니다/ㅂ니다.

다음 주 일요일은 발렌타인 데이입니다.

이번 발렌타이 데이에는 _____고 싶습니다.

_____

_____

_____

_____

_____

_____

_____

_____

B. Ask a classmate for the following information:

이름	
고향 'hometown'	
전화 번호	
생일	
전공	
취미 'hobby'	
이번 학기 듣는 과목	
좋아하는 가수/배우	

C. Now introduce your friend in narrative form.

_____

_____

_____

_____

_____

D. Answer these questions about yourself in Korean.

1. 한국어를 얼마나 배웠어요? 왜 배우세요?

_____

2. 졸업하고 무슨 일을 하고 싶으세요?

_____

3. 앞으로 어디서 살고 싶으세요? 왜요?

_____

4. 좋아하는 영화 배우가 누구예요? 왜 그 배우를 좋아하세요?

_____

5. 지난 학기 한국어 수업이 어땠어요?

_____

6. 발렌타인 날에 제일 받고 싶은 선물이 뭐예요? (발렌타인
   'Valentine') _____

7. 어떤 선생님이 좋은 선생님이에요? (어떤 'what kind of')

_____

E. You have decided to take Korean to fulfill the foreign language
    requirement and have gone to see a Korean professor for a
    placement test, but the professor is not in the office. Leave a
    note for the professor.

_____

_____

_____

_____

F. You missed an appointment with your Korean teacher because
    of heavy traffic. Write an apology to the teacher.

_____

_____

_____

_____

G. You want to take your Korean class exam early so that you can attend your older brother's graduation. Write a note to your teacher explaining the situation. (졸업식 'graduation ceremony')

_____

_____

_____

_____

H. Translate the following sentences into Korean.

1. The book that is on the desk is interesting.

_____

2. The apartment where Andrew lives is clean and quiet.

_____

3. The man who lives next door (to my house) is a high school teacher. (옆 집에 살다 'to live next door')

_____

4. The student who is majoring in East Asian Studies is from Australia.

_____

5. The gift that I want to receive from my boyfriend is flowers.

_____

6. The newspaper that I want to read is in the library.

_____

7. What time shall I come tomorrow morning?

_____

8. Do you know a student who plays piano well? (피아노 'piano')

_____

9. Because I want to take Korean class this quarter, I went to see Prof. Park.

_____

10. Because it rained so much this morning, there was heavy traffic on the freeway.

_____

I. Practice conjugating with ～어서/아서 and form a sentence, as in the example.

Dictionary form	～어서/아서	Example
오다	와서	어제 친구가 와서 공부를 못했어요.
춥다		
어렵다		
멀다		
바쁘다		
나쁘다		
주시다		
모르다		
빠르다		
좋아하다		
깨끗하다		

Dictionary form	~어서/아서	Example
(고장이) 나다		
(차가) 막히다		
재미있다		
걷다		

제9과 기숙사 생활 (Lesson 9: Living in a Dormitory)

Grammar Exercises

> **G9.1 The progressive form ~고 있다**

A. Change the verbs to the progressive form, ~고 있어요.

> 보기: 샌디는 지금 수영장에서 수영해요.
> → 샌디는 지금 수영장에서 <u>수영하고 있어요.</u>

1. 마이클은 지금 기숙사 식당에서 아침을 먹어요.

   → _____

2. 영미는 랩에서 한국어를 연습해요.

   → _____

3. 민지는 휴게실에서 신문을 봐요.

   → _____

4. 마크는 학교 식당에서 커피를 마셔요.

   → _____

5. 지금 비가 많이 와요.

   → _____

B. Practice as in the example using ~고 있어요. (차를 고치다 'to fix a car', 노크하다 'to knock')

> 보기: A: 지금 뭐 하세요?
> B: 테니스를 치고 있어요.
>

1.

_____

2.

_____

3.

_____

4.

_____

5.

_____

6.

_____

C. Practice as in the example. (춤을 추다 'to dance')

보기: 마이클

테니스를 치고 있는 사람은 마이클이에요.

1. 민호

_____

2. 스티브, 영미

_____

3. 수잔

4. 마크

_____   _____

G9.2   ~(으)ㄹ래요 (intention)

D.   Complete the following dialogues using the ~(으)ㄹ래요 form.

보기: A: 이번 주말에 같이 영화 보러 <u>갈래요?</u>
         B: 네, 같이 보러 가요.

1. A: 커피 한 잔 _____?
   B: 네. 고맙습니다. 주세요.

2. A: 점심 뭐 먹을까요?
   B: 저는 중국 음식 _____.

3. A: 이번 방학동안 같이 태권도 _____?
   B: 네, 같이 배워요.

4. A: 오늘 수업 끝나고 뭐 할 거예요?
   B: 운동이나 _____.

5. A: 이번 주말에 뭐 하고 싶으세요?
   B: 집에서 잠이나 _____. (잠 'sleep')

6. A: 여기 의자에 _____?
   B: 아니오, 저는 바닥에 앉을래요. (바닥 'floor')

7. A: 이번 학기 한국어 수업 들으세요?
   B: 아니오, 다음 학기에 _____.

8. A: 비가 오는데 집에서 텔레비전이나 _____?
   B: 아니오, 저는 책이나 읽을래요.

9. A: 커피 마실래요?

   B: 아니오, 저는 차 _____. (차 'tea')

10. A: 날씨가 좋은데 같이 테니스 _____?

   B: 네, 좋아요.

G9.3 N(이)나 'as many/as much as'

G9.4 N밖에 + negative 'nothing but, only'

E. Answer the following questions using ～(이)나 or ～밖에, as in the example. (Write numbers in Korean.)

> 보기:　A: 어제 몇 시간 잤어요? (7 시간)
>
> 　　　B: <u>일곱 시간이나</u> 잤어요. *or* <u>일곱 시간밖에</u> 안 잤어요.

1. 이번 학기 몇 과목을 들으세요? (5 과목)

   _____

2. 교실에 남학생이 몇 사람 있어요? (20 명)

   _____

3. 하루에 몇 시간 텔레비전을 보세요? (1 시간)

   _____

4. 집에서 학교까지 걸어서 얼마나 걸려요? (18 분)

   _____

5. 하루에 커피를 몇 잔 마셔요? (2 잔)

   _____

6. 돈이 얼마나 있어요? ($300)

   _____

F. Look at the pictures and make up questions and answers to go with them. Example:

보기:

A: 집에서 학교까지 멀어요?
B: 아니오, 가까워요. 걸어서 5 분밖에 안 걸려요.

1.

4 min.

A: _____
B: _____

2.

10 min.

A: _____
B: _____

3.

8 min.

A: _____
B: _____

4.

6 min.

A: _____
B: _____

5.

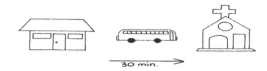

A: _____

B: _____

G9.5 [Time] 부터 [time] 까지 'from . . . to . . .'

G. Practice as in the example.

보기:

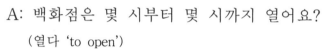

A: 백화점은 몇 시부터 몇 시까지 열어요?

(열다 'to open')

B: 아침 아홉 시부터 저녁 여덟 시까지 열어요.

백화점 10:00 A.M.-8:00 P.M.

1.

A: _____

B: _____

은행 9:30 A.M.-5:30 P.M.

2.

A: _____

B: _____

도서관 6:00 A.M.-12:00 (midnight)

3.

A: _____ 있어요?

지하철 5:30 A.M.-11:50 P.M. B: _____

4.

9:00 A.M.–11:00 P.M.

A: _____

B: _____

H. Based on the schedule below, answer the questions with ∼부터 and ∼까지. Example:

보기: A: 월요일에 뭐 했어요?

B: 오전에는 <u>아홉 시부터 열한 시까지</u> 일했어요.
오후에는 <u>세 시부터 다섯 시까지</u> 영화 봤어요.

	월요일	화요일	수요일	목요일	금요일	토요일
8:00-9:00		태권도	신문			
9:00-10:00	일	숙제	아침	일	숙제	
10:00-11:00	한국어수업	한국어수업	한국어수업	한국어수업	한국어수업	
11:00-12:00	점심	수업	수업	일		
12:00-1:00	수업	수업	일			
1:00-2:00	생물학수업	점심	일	생물학수업		
2:00-3:00					테니스	
3:00-4:00	영화		공부		테니스	
4:00-5:00	영화	수영	공부	도서관	테니스	
5:00-6:00	저녁	수영	공부	도서관		데이트
6:00-7:00	운동	숙제	저녁	도서관		데이트
7:00-8:00	운동	테레비				데이트

1. 화요일에 뭐 했어요?

   _____

2. 수요일에 뭐 했어요?

   _____

3. 목요일에 뭐 했어요?

   _____

4. 금요일에 뭐 했어요?

   _____

5. 토요일에 뭐 했어요?

   _____

G9.6 Irregular predicates in -으

I. Practice as in the example.

> 보기: 요즘 바빠요. → 요즘 바쁜데요.

1. 꽃이 참 예뻐요. _____
2. 이 옷이 좀 커요. _____
3. 오늘 영미가 아파요. _____
4. 날씨가 흐리고 나빠요. _____
5. 요즘 민지가 돈을 많이 써요. _____
6. 어제 친구한테 편지를 썼어요. _____

J. Choose an appropriate expression from the box below to fill in the blanks and then conjugate according to context. (Note: No word is used more than once.)

> 고프다, 바쁘다, 예쁘다, 크다, 나쁘다, 아프다, 쓰다

1. A: 요즘 어떻게 지내세요?

   B: 수업을 많이 들어서 좀 _____.

2. A: 서울 대학교 캠퍼스가 어때요?

   B: 학생이 많고 아주 _____.

3. A: 어제 왜 한국어 수업에 안 왔어요?

   B: _____ 못 왔어요.

4. A: 영미하고 영미 동생은 사이가 좋아요?

   B: 아니오, 두 사람은 사이가 _____.

5. A: 샌디 씨, 이 가방 어때요?

   B: 가방이 아주 _____.

6. A: 지금 뭐 하고 계세요?

   B: 친구한테 생일 카드 _____.

7. A: 점심 먹었어요?

   B: 아니오. 바빠서 아직 못 먹었어요. 배가 _____.

Speaking Activities

Describing activities using the progressive

A. Talk with another student about the pictures.

> 보기: Student 1: 지금 음악을 <u>듣고 있는</u> 사람은 누구예요?
>   Student 2: 음악을 <u>듣고 있는</u> 사람은 수미예요.

1. 수미

2. 마크

3. 동수

4. 유진

5. 민호

6. 샌디

B. Imagine that there was a bank robbery last night. You are a police officer, and your classmates are residents living nearby. Interview all the residents using the past progressive form, ～고 있었어요.

> 보기: Q: 어제 밤 8시부터 10시까지 어디서 뭐 <u>하고 있었어요?</u>
>   A: 여자 친구하고 극장에서 영화 <u>보고 있었어요.</u>
>   Q: 밤 11시에는 뭐 <u>하고 있었어요?</u> 누구하고 있었어요?

Describing quantity or amount

C. Practice with a classmate as in the example.

보기: A: 어제 몇 시간 잤어요?

B: 여덟 시간 잤어요.

A: 여덟 시간이나 잤어요? 저는 네 시간밖에 안 잤는데요.

---

1. 이번 학기 몇 과목 들으세요?
2. 하루에 커피 몇 잔 마셔요? (하루에 'per day', 몇 잔 'how many cups')
3. 하루에 텔레비전 몇 시간 봐요?
4. 어제 몇 시간 공부했어요?
5. 일주일에 학교에 몇 번 오세요? (몇 번 'how many times')
6. 한 달에 영화를 몇 번 보세요?

Extending and accepting invitations

D. Complete the conversation with another student by filling in the blanks.

1. A: 어, _____ 씨 아니세요?

   뭐 하고 있어요?

   B: _____고 있어요.

   오래간만이에요.

   A: 이번 학기에 몇 과목 들으세요?

   B: _____ 과목 들어요.

   A: _____이나 들어요?

   저는 세 과목밖에 안 듣는데 . . .

   B: 네, _____부터 _____까지 수업이 있어서 영화도 한번 못 봤어요.

   A: 그럼 우리 이번 주말에 _____(으)러 갈래요?

   B: 네, 잘 됐네요. _____고 싶었는데 같이 가요.

2. A: _____ 씨 요즘 어떻게 지내세요?

   B: 잘 지내요. _____ 씨는요?

   A: 저도 잘 지내고 있어요. 그런데 이번 금요일 저녁에 시간
있으세요? 같이 콘서트 보러 안 갈래요?

   B: 네, 좋아요. 무슨 콘서트예요?

   A: _____.

   B: 몇 시에 만날까요?

   A: 6시 괜찮아요?

   B: 좋아요. 어디서 만날래요?

   A: _____에서 만나요.

   B: 네.

Declining invitations

E.   Practice the following conversation. Fill in the blanks and change the underlined portions.

1. A: _____ 씨 안녕하세요?

   B: 어, _____ 씨, 만나고 싶었는데 잘 됐네요.

   A: 왜요?

   B: 이번 토요일 <u>우리 학교에서 풋볼 게임이 있는데</u>
같이 안 갈래요?

   A: 이번 토요일요? 이번 토요일은 바빠서 안 되는데요.
다음 토요일은 어때요?

   B: 좋아요. 그럼 금요일 저녁에 전화 주실래요?

   A: 네. 그러죠.

2. A: 저어, 이번 금요일 저녁에 시간 있으세요?

   B: <u>좀 바쁜데요</u>. 왜요?

   A: 같이 영화 보러 가고 싶어서요. 그럼 다음 주 금요일은 어때요?

   B: 미안합니다. 다음 주말에는 <u>벌써 약속이 있는데요</u>.

Role play

F. 1. You have just asked someone to go out with you to see a movie on Saturday night. After the other person has accepted your invitation, discuss when and where to meet.

2. Someone has just asked you out on a date. Decline without hurting the other person's feelings.

Expressing reservations

G. In groups of two or three, discuss the following topics. Try to use the ~(으)ㄴ데/는데 form to express reservations. (공사 'construction', 시끄러워요 'is noisy', 술 마시다 'to drink alcoholic beverages')

> 보기: your school campus
> A: 캠퍼스는 예쁜데, 학생들이 너무 많아서 복잡해요.
> B: 넓어서 좋은데, 공사가 많아서 시끄러워요.
> C: 조용하고 깨끗한데, 교실이 너무 멀어요

1. your school library

   A: _____

   B: _____

   C: _____

2. campus pub

   A: _____

   B: _____

   C: _____

3. this workbook

   A: _____

   B: _____

   C: _____

4. Korean class

A: _____

B: _____

C: _____

5. your dormitory

A: _____

B: _____

C: _____

Interview

H. Interview three classmates and report their answers to your class.

	이름:	이름:	이름:
1. 이번 학기 몇 과목 들으세요?			
2. 몇 시부터 몇 시까지 수업이 있으세요?			
3. 수업 끝나고 뭐 하세요?			
4. 저녁 먹고 보통 뭐 해요?			
5. 어제 밤 8시에 어디 있었어요?			
6. 누구하고 있었어요?			
7. 뭐 하고 있었어요?			

Listening Comprehension

A.   Listen to the following expressions, paying close attention to the pronunciation. Repeat aloud after each. Each expression is repeated twice.

1. 학기말 'end of the semester'
2. 신문 'newspaper'
3. 생활 'daily life'
4. 괜찮아요. 'It's all right.'
5. 끝났어요. 'It ended.'
6. 못 봤어요. 'I couldn't see.'
7. 재미있는 'amusing/entertaining'
8. 같은 방 'same room'
9. 첫날 'first day'
10. 사귀었습니다. 'I made friends.'
11. 첫 학기 'first quarter/semester'
12. 잘 됐네요. 'It turned out well.'
13. 보고 싶었는데 'wanted to see'
14. 스물 두 살 'twenty-two years old'
15. 빠르죠? 'It's fast, isn't it?'

B.   Repeat after each phrase, paying close attention to the contrast between the two expressions. One phrase in each pair is repeated. Circle the phrase you hear.

1. 살래요.   쓸래요.
2. 사귀고 있어요.   사귀었어요.
3. 사고 있어요.   쓰고 있어요.
4. 같이 하실래요?   같이 가실래요?

5. 쌉니다.   씁니다.

6. 학기말   한국말

7. 열일곱 살   열아홉 살

8. 안 마셔요.   안 맞아요.

9. 못 봤어요.   바빴어요.

10. 못 해요?   몇 호요?

11. 많아서   만나서

12. 잘 보냈어요.   잘 보내세요.

C. The chart shows some students who live in one dormitory at New York University. (요리 'cooking', 기타를 치다 'to play the guitar')

student	김철수	이수잔	한유진	김제임스
age	22	18	20	21
# of classes	6	5	4	3
room #	201호	317 호	408 호	210 호
hometown	New York	Sydney	L.A.	Toronto
hobby	swimming	tennis	cooking	guitar

Now listen to the questions and write your answers in English.

1. _____

2. _____

3. _____

4. _____

5. _____

6. _____

7. _____

8. _____

D. As you listen to the tape, complete the schedule provided below in English. The narration is repeated three times.

Time	Activity
7:00	Sleep
8:00	
9:00	
10:00	
11:00	
12:00	
1:00	
2:00	
3:00	
4:00	
5:00	
6:00	
7:00	
8:00	
9:00	
10:00	
11:00	
12:00	

E. As you listen to the following conversation between Linda and Steve, complete the dialogue.

린다: 스티브 씨는 이번 학기 몇 과목 들어요?

스티브: 좀 많아요. (1)_____ 과목 (2)_____ 들어요.

린다: 수업이 매일 있어요?

스티브: 네. 월요일 8시부터 (3)_____까지 매일 있어요. 숙제도 많고, 시험도 (4)_____ 너무 바빠요. 린다 씨는 이번 학기 몇 과목 들으세요?

린다: 저는 (5)_____ 과목 (6)_____ 안 들어요.

스티브: 그래요? 참, 우리 시험 끝나고 영화나 보러 갈래요?

린다: 시험 끝나고 좀 (7)_____.

F. The people pictured below are students in a Korean class. Listen to what is said about each one and write the person's name below the appropriate picture. (계단 'stairway')

1.

_____

2.

_____

3.

_____

4.

_____

5.

_____

6.

_____

7.

_____

8.

_____

9.

_____

10.

_____

G. Listen to the taped conversation between 유진 and 민지, and indicate rooms 216 and 207 on the floor plan below.

H. Listen to the paragraph being read about 철수, then label each statement true (T) or false (F).

1. _____ 철수는 캐나다에서 왔어요.
2. _____ 철수는 대학원생이에요.
3. _____ 철수는 22살이에요.
4. _____ 철수는 학교 근처 아파트에서 룸메이트하고 살고 있어요.
5. _____ 다음 주에 시험이 있어요.
6. _____ 다음 주 금요일에 제임스하고 같이 영화 보러 가요.

Reading Activities

Read John's journal entry and answer the questions.

저는 대학교 이학년이고 나이는 스무 살입니다. 저는 학교 앞
아파트에서 룸메이트 두 명과 같이 살고 있습니다. 제가 살고 있는
아파트는 학교까지 걸어서 십 분밖에 안 걸립니다. 아파트가
깨끗하고 학교에서 가까워서 저는 지금 살고 있는 이 아파트를
아주 좋아합니다. 아침 8시 반에 생물학 수업이 있어서 저는
날마다 8시 10분에 집을 나옵니다.

이번 학기에 저는 수업을 네 과목 듣습니다. 생물학 수업이
끝나고 10시부터 10시 50분까지 한국어 수업을 듣습니다. 그리고
11시부터 학교 책방에서 두 시간동안 일을 합니다. 두 시부터 세시
십오 분까지는 경제학 수업이 있고 세 시 반부터는 정치학 수업이
있습니다. 5시에 수업이 다 끝나고 숙제하러 도서관에 갑니다.
저는 보통 저녁 7시에 집에 옵니다. 제 룸메이트들이 운동을
좋아해서 저녁에는 룸메이트들하고 자주 운동하러 학교 안에 있는
헬스 센터에 갑니다.

1. Mark the following statements true (T) or false (F).
   a. John has three roommates.　　　　　　　　　———
   b. John lives in a new apartment.　　　　　　　———
   c. John works at the school cafeteria.　　　　———
   d. After biology class, John has Korean class.　———
   e. By car it takes ten minutes to get from John's
      apartment to school.　　　　　　　　　　　———

2. Write John's daily schedule.

> 보기: 8:30 생물학 수업

Writing Activities

A.   Write a letter to a former classmate in a Korean course who is now teaching English in Seoul. Ask how (s)he is getting along, where (s)he lives, how (s)he commutes to work, and how (s)he spends his/her spare time.

_____에게

_____

_____

_____

_____

_____

_____

_____

_____년 _____월 _____일

_____

B.   Assume that you have a friend in Korea, and (s)he is going to visit you for five days. List the places the two of you might go on each day of the visit.

첫째 날: _____

둘째 날: _____

셋째 날: _____

넷째 날: _____

다섯째 날: _____

C. Write your Tuesday schedule in Korean.

Time	Place	Activity
보기: 8시부터 8시 반까지 기숙사 식당에서 아침을 먹어요.		

Time   Place   Activity

1. _____

2. _____

3. _____

4. _____

5. _____

D. Imagine that John wants to go out with Young-mee, but
    Young-mee is not particularly enthusiastic about him. Make up
    a conversation between them. (표 'ticket')

보기: John: 저어, 내일 시간 있으세요?
       Young-mee: 좀 바쁜데요. 왜요?
       John: 표가 두 장 있는데 같이 오페라 보러 안 갈래요?
       Young-mee: 이번 주에 숙제가 많아서 시간이 없는데요.
       John: 그럼 다음 주 금요일은 어때요?
       Young-mee: 다음 주말에는 이사해서 바쁜데요.

John: _____

Young-mee: _____

John: _____

Young-mee: _____

John: _____

Young-mee: _____

Fill in the missing parts of the dialogue.

A: 요즘 어떻게 지내세요?

B: _____.

A: 왜요?

B: 이번 학기 수업을 다섯 과목이나 들어요.

그래서 _____.

A: 그래요? 한국어 수업은 어때요?

B: 재미있는데, _____.

A: 지금 살고 있는 기숙사/아파트는 어때요?

B: 다 괜찮은데, _____.

A: 룸메이트는 어때요?

B: 다 좋은데, _____.

F. Write your opinion about the following aspects of your school. Use ~(으)ㄴ데/는데.

> 보기: 캠퍼스:
> 우리 학교 캠퍼스는 넓어서 <u>좋은데</u> 교실이 너무 멀어서 불편해요.

1. 학교 식당: _____
2. 도서관: _____
3. 학교 책방: _____
4. 기숙사: _____
5. 컴퓨터 랩: _____
6. 학교 극장: _____

G.   Translate into Korean.

1. I am sorry for being late.

_____

2. I want to take Korean class next semester.

_____

3. Shall we take the subway? Or shall we take a taxi?

_____

4. Minji is drinking coffee in the dormitory lounge.

_____

5. Would you like to have a cup of coffee? (Use ~(으)ㄹ래요?)

_____

6. How many courses are you taking this quarter/semester?

_____

7. The man who is playing tennis is my younger brother.

_____

8. The person who is listening to music is my roommate.

_____

9. What would you like to do this weekend? (Use ~고 싶다.)

_____

10. What time shall we meet tomorrow morning?

_____

11. It takes only fifteen minutes by car to get from my house
    to school. (Use 밖에.)

_____

12. I have class from 8 A.M. until 4 P.M. on Wednesdays.

_____

13. Because the homework is too long and difficult, I don't want
    to do it.

_____

H.   Answer these questions about yourself.

1. 어제 밤 열 시에 뭐 하고 있었어요? (Use ～고 있다.)

   _____

2. 이번 학기 몇 과목 들으세요? (Use ～(이)나 or ～밖에.)

   _____

3. 집에서 학교까지 얼마나 걸려요? (Use ～(이)나 or ～밖에.)

   _____

4. 이번 주말에 뭐 할 거예요? (Use ～(이)나 ～(으)ㄹ래요.)

   _____

5. 오늘 저녁 뭐 먹을 거예요? (Use ～(이)나 ～(으)ㄹ래요.)

   _____

6. 왜 한국어를 공부하세요? (Use ～어서/아서.)

   _____

7. 지금까지 여자친구/남자친구가 몇 명 있었어요? (Use ～(이)나 or ～밖에.)

   _____

I. Fill in the blanks.

Adjectives

Dictionary form	~어요/아요	~(으)ㄴ	~는데/ (으)ㄴ데	~(으)ㄹ까요	~어서/아서
친절하다 'to be kind'	친절해요				
배 고프다 'to be hungry'			배 고픈데		
나쁘다 'to be bad'		나쁜			
예쁘다 'to be pretty'					예뻐서
바쁘다 'to be busy'					
크다 'to be large'			큰데		
넓다 'to be spacious'				넓을까요	
같다 'to be the same'		같은			

Verbs

Dictionary form	~어요/아요	~(으)ㄹ래요	~는데/ (으)ㄴ데	~(으)ㄹ까요	~어서/아서
보내다 'to spend time'	보내요				
부치다 'to mail'		부칠래요			
사귀다 'to make friends'					사귀어서
쓰다 'to write'				쓸까요	
되다 'to become'	되어요/돼요				
맞다 'to fit'			맞는데		
이야기하다 'to talk'					

제10과 가족 (Lesson 10: Family)

Grammar Exercises

G10.1 The noun-modifying form ~(으)ㄹ (prospective)

A. Fill in the blanks with the ~(으)ㄹ form of the given verb.

1. 민지가 내일 남자친구하고 (보다) _____ 영화는 코메디예요.
2. 다음 학기에 한국어 수업을 (듣다) _____ 학생이 많아요.
3. 이번 여름에 (결혼하다) _____ 남학생이 누구예요?
4. 이번 주말에 (하다) _____ 일이 많으세요?
5. 내년 여름에 한국에 (가다) _____ 학생이 두 명 있어요.
6. 오늘 저녁에 (먹다) _____ 음식이 없어요.

B. Practice changing the ~어요/아요 form into the ~(으)ㄹ form.

보기: 내일 졸업 파티에 <u>입어요</u> / 옷

  → 내일 졸업 파티에 <u>입을</u> 옷

  'the clothes that I will wear tomorrow to a graduation party'

---

1. 이번 토요일에 결혼해요 / 친구

   → _____

2. 다음 학기에 한국어를 가르쳐요 / 선생님

   → _____

3. 오늘 저녁에 먹어요 / 음식

   → _____

4. 내일 책방에서 사요 / 사전

   → _____

5. 일 년 후에 졸업해요 / 학생

   → _____

C. Make sentences using the ～(으)ㄹ forms you made in B.

보기: 내일 졸업 파티에 입을 옷
→ 내일 졸업 파티에 입을 옷을 백화점에서 샀어요.

1. _____
2. _____
3. _____
4. _____
5. _____

G10.2 별로 + negative 'not particularly, not really'

D. Look at the pictures and answer the questions. Example:

보기: 가방이 비싸요?

아니오. 별로 안 비싸요.

1. 차가 좋아요?

_____

2. 여자친구가 예뻐요?

_____

3. 교회가 멀어요?

_____

4. 영화가 재미있어요?

_____

5. 음식이 맛있어요?

6. 돈이 많이 있어요?

_____   _____

E.   Answer the following questions using 별로 + negative.

보기: A: 돈 많이 있어요? [10불]   B: <u>아니오. 별로 없어요. 10불밖에 없어요.</u>

1. A: 영화 자주 보세요? [한 달에 한번]
   B: _____

2. A: 잠을 많이 자요? [6시간]
   B: _____

3. A: 집에서 학교까지 멀어요? [15분]
   B: _____

4. A: 데이트 많이 하세요? [일주일에 한번]
   B: _____

5. A: 커피 많이 마시세요? [하루에 두 잔]
   B: _____

6. A: 식구가 많으세요? [세 명]
   B: _____

G10.3   ~어서/아서 (sequential)

F.   Combine the two sentences using ~어서/아서.

보기: 수영장에 갔어요. 수영했어요.   → 수영장에 가서 수영했어요.

1. 어제 학교 책방에 갔어요. 사전하고 책가방을 샀어요.

   → _____

2. 남자 친구를 만났어요. 같이 저녁 먹고 영화를 봤어요.

   → _____

3. 우리 누나는 작년에 결혼했어요. 지금 서울에서 살고 있어요.

   → _____

4. 아침에 일찍 일어났어요. 샤워하고 신문을 읽었어요.

   → _____

5. 오후에 친구를 만나요. 같이 테니스 치러 갈 거예요.

   → _____

G. Choose an appropriate verb from the box below to fill in the blanks and then conjugate the verb in the ~어서/아서 form. (No word is used more than once.)

들어오다, 받다, 앉다, 가다, 쓰다, 만들다, 전화하다, 사다, 일어나다
공부하다

1. 집에 _____ 전화하세요.
2. 피자를 집에서 _____ 먹었어요. (피자 'pizza')
3. 책방에서 책을 _____ 읽었어요.
4. 연구실에 _____ 기다리세요.
5. 편지를 _____ 친구한테 보냈어요.
6. 의자에 _____ 얘기하세요.
7. 수미한테 _____ 물어 보세요. (물어 보다 'to ask')
8. 아침에 _____ 신문을 읽어요.
9. 언니한테 돈을 _____ 구두를 샀어요.
10. 한국어를 _____ 한국어 선생님이 되고 싶어요.

G10.4 ~겠 (conjecture)

H. Fill in the blanks by choosing an appropriate expression from the box.

> 배고프겠어요, 피곤하겠어요, 바쁘겠어요, 불편하겠어요, 오겠어요,
> 맛있겠어요, 힘들겠어요, 좋았겠어요

1. A: 일주일에 몇 시간 일하세요?
   B: 스무 시간 일해요.
   A: 스무 시간이나 일하세요? _____.

2. A: 점심 먹었어요?
   B: 아니오, 시간이 없어서 아직 못 먹었어요.
   A: _____.

3. A: 어제 남자 친구하고 극장에 가서 오페라 봤어요.
   B: _____.

4. A: 시험이 있어서 어제 4시간밖에 못 잤어요.
   B: _____.

5. A: 날씨가 아주 흐려요.
   B: 비가 _____.

6. A: 집에서 학교까지 차로 한 시간이나 걸려요.
   B: 집이 멀어서 _____.

7. A: 오늘 저녁 한국 식당에 가서 갈비하고 불고기 먹을 거예요.
   B: _____.

8. A: 다음 주에 시험이 3개나 있어요.
   B: _____.

I. Complete the dialogue using one of the conjectural expressions ~(으)ㄹ 거예요 or ~겠.

```
보기:    A: 내일 비가 오겠지요?
         B: 네,  비가 올 거예요.
```

1. A: 철수가 곧 오겠지요?

   B: 네, 곧 _____.

2. A: 오늘 좀 덥겠지요?

   B: _____.

3. A: 시험이 좀 어렵겠지요?

   B: _____.

4. A: 저 가방이 참 예쁜데 _____?

   B: 네, 비쌀 거예요.

5. A: 수업이 끝났겠지요?

   B: _____.

J. Translate B's lines into Korean using the ~겠 form.

1. A: I slept only four hours last night.

   B: You must be tired. _____.

2. A: I went skiing last weekend.

   B: That must have been fun. _____.

3. A: Because it was raining, it took me an (lit. one) hour to come to school this morning

   B: It must have been inconvenient. _____.

4. A: I have been so busy that I haven't had lunch yet.

   B: You must be hungry. _____.

5. A: I have four roommates.

   B: Really? The apartment must be crowded.

   _____.

6. A: I am taking five courses this quarter.

   B: You must be very busy. _____.

G10.5 ~네요

K. Practice as in the example, changing ~어요/아요 into ~네요.

보기: 가방이 참 예뻐요. → 가방이 참 <u>예쁘네요.</u>

1. 오늘 날씨가 아주 따뜻해요. _____.
2. 비가 많이 와요. _____.
3. 저 남자 머리가 아주 길어요. _____.
4. 민지 씨, 어머니하고 많이 닮았어요. _____.
5. 가족 사진이 참 잘 나왔어요. _____.
6. 커피가 아주 맛있어요. _____.
7. 숙제가 어려워요. _____.

G10.6 Irregular predicates in -ㅎ

L. Conjugate the predicates according to the context.

1. 앞으로 (어떻다) _____ 사람하고 결혼하고 싶으세요?
2. 저는 마음이 (좋다) _____ 남자랑 결혼하고 싶어요.
3. 우리 어머니 눈은 (까맣다) _____ 색이에요.
4. 교실에 (파랗다) _____ 옷을 입고 (하얗다) _____ 모자를 쓴 여학생이 있어요.
5. 내 머리색은 (노랗다) _____ 색이에요.
6. 수영을 많이 해서 얼굴이 (까맣다) _____.

G10.7   The noun-modifying form ~(으)ㄴ

M.   Practice changing sentences into noun-modifying phrases.

> 보기: 샌디가 음악을 들었어요.
>   → 샌디가 들은 음악 'the music that Sandy listened to'

1. 마크가 신문을 읽었어요.

   _____

2. 영미가 남자 친구한테서 선물을 받았어요.

   _____

3. 마크가 한국어 시험을 봤어요.

   _____

4. 민지가 어제 학교 책방에서 사전을 샀어요.

   _____

5. 유진이 서울에서 사진을 찍었어요.

   _____

Compose complete sentences using the phrases you have made.

> 보기: 샌디가 들은 음악 'the music that Sandy listened to'
>   → 샌디가 들은 음악은 클래식 음악이에요.
>   'The music that Sandy listened to is classical music.'

1. _____
2. _____
3. _____
4. _____
5. _____

N. Combine each sentence pair into one using a noun-modifying form.

> 보기: 지난 주에 시험을 봤어요. 시험이 어려웠어요.
> → 지난 주에 <u>본</u> 시험이 어려웠어요.

1. 어제 백화점에서 옷을 샀어요. 옷이 비쌌어요.

   → _____

2. 학교 식당에서 커피를 마셨어요. 커피가 맛있었어요.

   → _____

3. 어제 친구하고 영화를 봤어요. 영화가 아주 재미있었어요.

   → _____

4. 지난 여름에 할아버지께서 돌아가셨어요. 할아버지께서는
   연세가 많으셨어요.

   → _____

5. 어제 박교수님을 만났어요. 박교수님께서는 동양학을
   가르치십니다.

   → _____

O. Underline the noun-modifying clause in each sentence and translate it.

> 보기: <u>샌디가 살고 있는</u> 아파트는 깨끗하고 조용해요.
> The apartment that Sandy is living in is clean and quiet.

1. 여기 스티브가 서울에 가서 찍은 사진들이 있어요.

2. 린다하고 같은 방을 쓰는 학생이 누구예요?

   _____

3. 이번 주말에 집에서 할 일이 굉장히 많아요.

_____

4. 키가 크고 안경을 낀 남자가 제 남동생이에요.

_____

5. 이 사진은 작년 친구 졸업 파티 때 찍은 사진입니다.

_____

P. Make complete sentences using these noun-modifying clauses.

1. 이번 학기 한국어를 가르치시는 선생님

_____

2. 내가 생일에 받고 싶은 선물

_____

3. 어제 백화점에 가서 산 옷

_____

4. 유진이가 어제 만난 사람

_____

5. 내가 오늘 저녁 먹고 싶은 음식

_____

6. 스티브가 내일 만날 여자

_____

7. 내년에 졸업할 학생

_____

G10.8 Honorific expressions

Q. How do you ask the following questions of someone senior to you in Korean? Example:

보기: 이름이 뭐예요? → 성함이 어떻게 되세요?

1. 나이가 몇 살이에요? _____?

2. 생일이 언제예요? _____?

3. 전화 번호가 뭐예요? _____?

4. 집이 어디예요? _____?

5. 점심 먹었어요? _____?

6. 오늘 아침 신문 읽었어요? _____?

R. Translate the following sentences into Korean. Use honorific expressions.

1. My grandmother is quite old, but she is very healthy.

_____

2. My grandfather passed away three years ago.

_____

3. My younger brother is watching television, and my parents are sleeping.

_____

4. My parents had dinner at a Chinese restaurant.

_____

5. The newspaper that my grandmother is reading is a Korean newspaper. (Use ~고 계시다.)

_____

6. I want to give a white hat to my grandfather.

_____

7. My grandfather gave me $100 for my birthday.

_____

Speaking Activities

Building vocabulary

A. Describe the following pictures using polite forms.

1.

2.

3.

4.

5.

6.

Expressing a spontaneous reaction

B. Observe your classmates' appearance. Then comment using
~네요.

보기: 민지 씨, 오늘 옷이 참 <u>예쁘네요.</u> 샌디 씨, 오늘 까만 색
옷을 <u>입었네요.</u> 유진 씨, 오늘 안경을 안 <u>끼었네요.</u>

Talking about family

C. Imagine that you have met a Korean student and want to find
out about his/her family. Translate the following questions.

1. Where is your hometown?

2. How many are in your family?

3. Where do they live?

4. Do you have

   a. grandparents?

   b. brothers and sisters?

   c. older brothers?

   d. older sisters?

   e. younger brothers or sisters?

5. How old are

   a. your parents?

   b. your brothers and sisters?

D. Describe your home, hometown, major, family, and friends to your classmates. (You can use the following format.)

안녕하세요? 저는 _____에서 태어났어요.

그리고 _____에서 자랐어요.

초등 학교/중학교/고등 학교는 _____에서 다녔어요.

제 전공은 _____입니다.

우리 가족은 _____, _____, _____, 저까지 모두 _____ 명입니다.

우리 형 (언니, 오빠, 누나, 동생)은 _____에서 살고 있어요.

우리 형 (언니, 오빠, 누나, 동생) 나이는 _____ 살이에요.

부모님은 _____에서 살고 계세요.

부모님 (아버지, 어머니) 연세는 _____ 이세요.

E. Now ask your partner these questions.

1. 고향이 어디예요?

2. 나이는 몇 살이에요?

3. 가족은 모두 몇 명이에요?
4. 가족들하고 같이 사세요?
5. 가족들을 자주 만나세요?
6. 할아버지, 할머니 계세요? 어디 사세요? 연세가 어떻게 되세요?
7. 동생/언니/형/누나/오빠 있어요? 어디 살아요? 몇 살이에요?

F. Ask your teacher for the following information.

1. his/her hometown and country
2. the place he/she grew up and was educated
3. his/her family and friends
4. his/her favorite clothes
5. his/her activities in the evenings and on weekends
6. where he/she buys clothes
7. his/her interests
8. a place in Korea he/she knows

Talking about weekend activities

G. Practice the following conversation with your partner.

보기: A: 지난 주말에 뭐 했어요?
        B: 빅베어에 가서 스키 탔어요.
        A: 재미있었겠네요. 이번 주말에는 할 일이 많으세요?
        B: 오페라 보러 극장에 갈 거예요.
        A: 오페라 보러 자주 가세요?
        B: 아니오, 자주 가고 싶은데 시간이 없어서 못 가요.

수영하다, 스키 타다, 테니스 치다, 골프 치다 'to play golf', 피크닉하다 'to go on a picnic', 영화 보다, 운동하다, 춤추다 'to dance', 오페라 보다 'to go to the opera', 연극 'a play', 야구 시합 'baseball game', 농구 'basketball', 배구 'volleyball', 축구 'soccer', 풋볼 'football'

A: 지난 주말에 뭐 했어요?

B: _____에 가서 _____었어요/았어요.

A: 재미있었겠네요. 이번 주말에는 할 일이 많으세요?

B: 별로 없어요. _____(으)러 _____에 갈 거예요.

A: _____(으)러 자주 가세요?

B: 아니오, 자주 _____고 싶은데,

　시간이 없어서/바빠서/비싸서/너무 멀어서 못 가요.

Describing clothes

H.   Help 철수 get dressed by filling in the blanks with the appropriate verbs for the pieces of clothing.

1. 철수는 Levis 바지를 _____.
2. Pierre Cardin 벨트를 _____.
3. BOSS 셔츠를 _____.
4. Adidas 양말을 _____.
5. Nike 신을 _____.
6. 철수는 Guess 안경을 _____.
7. CK 모자를 _____.
8. Samsung 시계를 _____.

I.   Now help 철수 to get undressed.

1. 철수가 안경을 _____.
2. 모자를 _____.
3. 신을 _____.
4. 양말을 _____.
5. 셔츠를 _____.
6. 벨트를 _____.
7. 바지를 _____.
8. 시계를 _____.

J. Bring in pictures and describe the people in them in detail, including clothes and hair.

K. Find students wearing the clothes described below and give their names. (양말 'socks', 청바지 'jeans', 긴 소매 'long sleeves', 신 'shoes')

1. _____ 안경을 낀 사람
2. _____ 모자를 쓰고 안경을 낀 사람
3. _____ 양말을 안 신은 사람
4. _____ 청바지를 입고 모자를 쓴 사람
5. _____ 긴 소매와 긴 바지를 입은 사람
6. _____ 짧은 소매를 입은 사람
7. _____ 까만 신을 신은 사람
8. _____ 시계를 차고 반지를 낀 사람

Describing colors

L. 무슨 색깔이에요?

1.

2.

3.

4.

5.

6.

7.

8.

9.

M. Answer the questions.

1. 좋아하는 색(색깔)이 뭐예요?
2. 오늘 어떤 색 옷을 입었어요?
3. 내일은 어떤 색 옷을 입을 거예요?
4. 머리와 눈이 무슨 색깔이에요?
5. 한국어 선생님이 어떤 색 옷을 자주 입으세요?

Describing likes and dislikes

N. Fill in the blanks, then practice the conversation.

A: 언제쯤 결혼하고 싶으세요?
B: _____
A: 어떤 남자/여자하고 결혼하고 싶은데요?
B: _____
A: 어디서 결혼식을 하고 싶으세요? (결혼식 'wedding ceremony')
B: _____에 가서 결혼하고 싶어요.
A: 왜요?
B: _____
A: 신혼 여행은 어디로 가고 싶으세요? (신혼여행 'honeymoon')
B: _____

O. Interview two classmates about the following items and report their answers to the class. (Variation: Let other classmates guess the person you are describing.)

질문	Classmate 1	Classmate 2
데이트 하고 싶은 사람		
만나고 싶은 사람		
같이 저녁을 먹고 싶은 사람		
좋아하는 영화 배우		
좋아하는 가수		
갖고 싶은 차		
좋아하는 음식		
싫어하는 음식		
자주 듣는 음악		

Listening Comprehension

A. Listen to the following expressions, paying close attention to the pronunciation, and repeat aloud after each. Each expression is repeated twice.

1.	연락하세요	please contact (someone)
2.	연락 못 해요	cannot contact
3.	좋겠어요	it will be very nice
4.	고향	hometown
5.	막내	the youngest child
6.	결혼	marriage
7.	앞줄	front row
8.	뒷줄	back row
9.	건강하십니다	(s)he is healthy
10.	태어났지요?	was born, right?
11.	닮았네요	resemble
12.	됩니다	it becomes
13.	천천히	slowly
14.	다닙니다	attend
15.	언제쯤	approximately when?

B. Repeat after each phrase, paying close attention to the contrast between the two expressions. One phrase in each pair is repeated. Circle the phrase you hear.

1. 연락하세요.	연락했어요.
2. 잘 했어요.	자랐어요.
3. 많았어요.	만났어요.
4. 결혼할 사람	결혼한 사람

5. 쉰	쉬운
6. 살까요?	쓸까요?
7. 안 왔네요.	안 하네요.
8. 계신 분	계실 분
9. 입은 옷	입을 옷
10. 모르세요.	모르겠어요.
11. 닮았어요.	달랐어요.
12. 많으십니다.	맛있습니다.

C. Listen to the conversation, then answer the questions in English.

1. _____
2. _____
3. _____
4. _____

D. Listen to the conversation between Linda and Jisu. Then fill in the blanks below with true (T) or false (F). The conversation is read twice.

1. _____ Linda's older sister is married.
2. _____ Linda has a younger sister.
3. _____ Linda's older brother is a graduate student.
4. _____ Linda's grandpa is healthy.
5. _____ Linda's older sister lives in New York.

E. As you listen to the tape, label each family member in the picture with the appropriate kinship term and age in Korean. The narration is read twice.

Kinship: _____ _____ _____ _____ _____

Age: _____

_____ _____

_____ _____

F. Listen to the following conversation between 수잔 and 철수. Then fill in the blanks with true (T) or false (F). The conversation is read twice.

1. _____ 철수는 막내예요.
2. _____ 철수 형제는 남자가 두 명, 여자가 한 명이에요.
3. _____ 수잔 언니는 서울에 있어요.
4. _____ 수잔은 학생이에요.
5. _____ 철수 형은 대학생이에요.
6. _____ 수잔은 미국에서 태어났어요.

G. Listen as James talks about his family members' interests. Then complete the statements by writing the name of the family member. (취미 'hobbies', 야구 'baseball', 골프 'golf', 재즈 'jazz', 클래식 'classical')

1. _____ like(s) baseball.
2. _____ like(s) tennis.
3. _____ like(s) classical music.
4. _____ like(s) jazz.
5. _____ like(s) golf.

H. Listen to the questions and answer in Korean.

1. _____
2. _____
3. _____
4. _____
5. _____
6. _____
7. _____
8. _____

I. As you listen to the paragraph being read, fill in the blanks.
(큰아버지 'uncle (father's older brother)', 큰어머니 'aunt (큰아버지's wife)', 작은아버지 'uncle (father's younger brother)', 작은어머니 'aunt (작은아버지's wife)', 부인 '(someone else's) wife' [polite form], 아내 '(one's own) wife', 외삼촌 'uncle (mother's brother)', 외숙모 'aunt (외삼촌's wife)', 이모 'aunt (mother's sister)', 이모부 'uncle (이모's husband)', 고모 'aunt (father's sister)', 고모부 'uncle (고모's husband)')

저는 식구가 좀 많습니다. 저는 아버지, 어머니, 형, 누나 그리고 여동생하고 같이 (1)_____. 한국에는 큰아버지, 작은아버지 그리고 고모도 (2)_____. 큰아버지는 제 아버지의 형입니다. 큰어머니는 큰아버지의 부인입니다. 큰아버지는 학교 선생님 (3)_____. 작은아버지는 서울에서 식당을 하십니다. 작은아버지는 제 아버지의

남동생입니다. 고모는 (4)_____을 하십니다. 고모는 제
아버지의 여동생입니다. 한국에는 이모하고 외삼촌도 계십니다.
외삼촌은 의사입니다. 외삼촌은 제 어머니의 오빠입니다. 외숙모는
외삼촌의 부인입니다. 저는 이모가 (5)_____ 계십니다. 큰
이모는 이모부하고 같이 서울에서 (6)_____을 하십니다.
이모는 제 어머니의 (7)_____고, 이모부는 이모의
남편입니다. 작은 이모는 아직 결혼을 안 했습니다. 작은 이모는
어머니의 여동생입니다. 작은 이모는 서울에서 (8)_____에
다닙니다. 저는 사촌도 아주 많습니다. 사촌 형, 사촌 누나 그리고
사촌 동생들이 열한 명이나 있습니다. 사촌은 아버지 형제들의
아들, 딸입니다. 어머니 형제들의 아들, 딸도 사촌입니다.

Using the information in the paragraph above, circle the correct
answers.

1. a. 외삼촌   b. 이모부   c. 큰아버지   d. 작은아버지
   is my father's older brother (uncle).
2. a. 외삼촌   b. 이모부   c. 큰아버지   d. 작은아버지
   is my father's younger brother (uncle).
3. a. 외숙모   b. 이모   c. 큰어머니   d. 고모
   is my father's sister (aunt).
4. a. 외삼촌   b. 이모부   c. 큰아버지   d. 작은아버지
   is my mother's brother (uncle).
5. a. 외숙모   b. 이모   c. 큰어머니   d. 고모
   is my mother's sister (aunt).
6. a. 외삼촌   b. 고모부   c. 사촌   d. 고모
   is my cousin.

Reading Activities

Susan has a large family. Read the following paragraph and draw Susan's family tree, then answer the questions in English. (환갑 'sixtieth birthday', 회사 'company', 정하다 'to decide')

우리 가족은 할아버지, 할머니, 아버지, 어머니, 언니, 오빠, 여동생, 그리고 나 모두 여덟 명입니다. 우리는 모두 다 같은 집에서 삽니다. 여기 우리 가족 사진이 있습니다. 이 가족 사진은 작년 할아버지 생신 때 찍은 사진입니다. 사진 앞줄 가운데 계신 분이 할아버지이시고 그 옆에 계신 분이 우리 할머니이십니다. 할머니께서는 삼 년 전에 환갑을 지내셨고 할아버지께서는 올해 예순 아홉이십니다. 두 분 다 아주 건강하십니다. 할아버지 왼쪽에 계신 분이 우리 아버지이시고 할머니 옆에 계신 분이 어머니이십니다. 우리 아버지는 회사에서 일하시고 어머니는 은행에서 일하십니다. 사진 뒷줄에 머리가 짧고 안경을 낀 여자가 우리 언니입니다. 언니는 작년에 대학을 졸업하고 지금은 대학원에 다니고 있습니다. 언니는 졸업하고 대학에서 가르치고 싶어합니다. 오빠는 대학교 사학년입니다. 오빠는 음악을 좋아합니다. 야구 모자를 쓴 사람은 제 여동생입니다. 여동생은 지금 고등학생인데 내년에 대학생이 됩니다. 여동생은 운동을 아주 좋아합니다. 저는 대학교 이학년입니다. 전공은 아직 안 정했는데 저는 의사가 되고 싶습니다.

1. When did Susan's family take the family photo?
2. How old is Susan's grandmother?
3. Where does Susan's mother work?
4. What does Susan's older sister want to do after graduation?
5. What does Susan want to be?

Writing Activities

A. Write about your family using deferential speech (the ~습니다/ ㅂ니다 form).

_____

_____

_____

_____

_____

_____

_____

_____

_____

B. List the things you are wearing now.

_____   _____   _____

_____   _____   _____

_____   _____   _____

C. Fill in the blanks with the particles 만, 도, (이)랑, 밖에.

(At a department store)

손님: 까만 가방 있어요?

점원: 네, 있어요.

손님: 까만 모자____ 있어요?

점원: 네, 여기 있어요.

손님: Calvin Klein 바지 있어요?

점원: 아니오, Guess 바지_____ 없어요.

손님: 그럼, Guess 바지_____ 까만 모자 주세요.

점원: 까만 가방은요?

손님: 모자_____ 바지_____ 주세요. 얼마예요?

점원: 83불인데 80불_____ 주세요.

D. Write the following sentences in Korean.

1. The *kalbi* that I ate yesterday at a Korean restaurant was very tasty.

   _____

2. The birthday presents that Linda received were flowers and clothes.

   _____

3. The man (who is) wearing a black hat is my younger brother.

   _____

4. The person who took this picture is my mother.

   _____

5. The movie I saw last weekend with Steve was boring.

   _____

6. The music I am going to listen to is a Korean song.

   _____

7. The person I am going to meet this afternoon is Prof. Lee.

   _____

8. The teacher who is going to teach Korean next quarter is Ms. Kim.

   _____

9. There is no food to eat today.

   _____

10. This is the book that Young-mee is going to read this
    weekend.

    _____

11. The woman who sang at the party was wearing a red
    dress.

    _____

E. Ask your teacher the following questions in Korean. Write both
    the questions and answers in Korean.

    1. When is your birthday?
       Q. _____
       A. _____

    2. What kind of birthday present would you like to receive?
       Q. _____
       A. _____

    3. What is your favorite color?
       Q. _____
       A. _____

    4. What color clothes do you wear often?
       Q. _____
       A. _____

    5. How many brothers and sisters do you have?
       Q. _____
       A. _____

    6. Where does your family live?
       Q. _____
       A. _____

F.   Write a detailed description of a classmate or of your teacher. You may include the following information: 나이, 고향, 나라 'country', 전공, 가족, 친구, 머리, 머리 색, 눈, 피부색 'complexion', 키 'height', 입고 있는 옷, 취미 'hobby', 신고 있는 신/신발

이름: _____

_____

_____

_____

_____

_____

_____

_____

_____

G.   Practice conjugating these verbs.

Dictionary form	~어요/아요	~(으)ㄴ [N]	~는 [N]	~(으)ㄹ [N]	~어서/아서
결혼하다 'to marry'	결혼해요				
도착하다 'to arrive'		도착한			
연락하다 'to contact'			연락하는		
졸업하다 'to graduate'				졸업할	
(반지) 끼다 'to wear'					끼어서
입다 'to wear'			입는		
이민가다 'to immigrate'		이민간			
놓다 'to put'	놓아요				
벗다 'to take off'		벗은			

Dictionary form	~어요/아요	~(으)ㄴ [N]	~는 [N]	~(으)ㄹ [N]	~어서/아서
닮다 'to resemble'					닮아서
드리다 'to give'	드려요				
알다 'to know'			아는	알	
모르다 'to not know'					
자라다 'to grow up'					
태어나다 'to be born'					
찍다 'to take a photo'					
쓰다 'to write'	써요				
마치다 'to finish'					마쳐서
죽다 'to die'					
살다 'to live'		산		살	
떠나다 'to leave'					

H. Choose the appropriate particles from the box to fill in the blanks.

> 에, 에서, (이)랑, 께, 께서, 와/과, 까지, 부터, 한테/에게, 이/가, (이)나, 밖에, 들, (으)로, 한테서, 쯤, 하고, 만, 의, 도, 을/를

1. 숙제는 내일_____ ('by tomorrow') 내세요.
2. 한국어 수업은 어디_____ 해요?
3. 샌디는 생일 선물 사러 백화점_____ 갈 거예요.
4. 저는 학교 책방_____ 지도를 하나 샀어요.
5. 영미는 할머니_____ 편지를 받았습니다.
6. 이 선물을 누구_____ 줄 거예요?

7. 시험이 있어서 어제 4시간_____ 못 잤어요.

8. 스티브_____ 마크는 사이가 아주 좋아요.

9. 영미 씨, 커피_____ 한 잔 같이 할까요?

10. 우리 할아버지_____ 지난 주에 돌아가셨어요.

11. 한국어를 배우고 있는 학생_____ 많이 있습니다.

12. 저기 키가 크고 안경_____ 낀 남자는 스티브
    동생이에요.

13. 학교 책방에 가서 사전_____ 지도를 샀어요.

14. 친구를 만나서 저녁 먹고 같이 영화_____ 보러 갔어요.

15. 저는 마음씨가 좋은 사람_____ 결혼하고 싶어요.

16. 우리 형은 대학원_____ 다니고 있어요.

17. 우리 형제들은 다 결혼했는데, 저 혼자_____ 아직 결혼
    안 했어요.

18. 부모님_____ 자주 연락하세요?

19. 우리 집 형제는 저_____ 모두 다섯이에요.

20. 서울_____ 시카고까지 비행기로 몇 시간 걸려요?

21. 저는 매일 아침 9시_____ 오후 4시까지 수업이 있어요.

22. 요즘 한국_____ 날씨는 무척 춥고 눈이 많이 옵니다.

23. 교통이 불편해서 학교 근처 아파트_____ 이사할 거예요.

24. 학교까지 보통 자전거_____ 와요.

제11과　전화 (Lesson 11: On the Telephone)

Grammar Exercises

G11.1　~어/아 주다 'to do something for someone'

A.　Practice as in the example.

보기:　마이클 / 여자 친구 / 생일 선물
→ 마이클이 여자 친구한테 생일 선물을 주었어요.

1. 영미 / 동생 / 모자
2. 할머니 / 동생 / 안경
3. 부모님 / 형 / 가족 사진
4. 선생님 / 저 / 사전

B.　Practice as in the example.

보기:　영미가 커피를 <u>샀어요.</u> → 영미가 커피를 <u>사 주었어요.</u>

1. 어제 아파서 학교에 못 갔는데 친구가 전화를 <u>했어요.</u>
2. 저는 돈이 없었어요. 그래서 친구가 점심을 <u>샀어요.</u>
3. 비가 많이 오는데 민지가 제 생일 파티에 <u>왔어요.</u>
4. 작년에 김선생님이 한국어를 <u>가르쳤어요.</u>

C.　Practice as in the example, using ~어/아 주세요 'please do something for me'.

보기:　기다리세요. → 기다려 주세요.

1. 다시 한번 말하세요. _____.
2. 오늘 저녁에 전화하세요. _____.
3. 내일 만나세요. _____.
4. 책을 읽으세요. _____.
5. 한국 음식을 만드세요. _____.

D. Conjugate the verbs using ~어/아 주다.

1. 수잔 씨, 내일 아침에 (연락하다) _____.
2. 어제 마크가 수잔한테 책을 (빌리다)_____.
3. 여보세요, 민지 좀 (바꾸다) _____.
4. 지난 학기에 부모님이 저한테 새 차를 (사다) _____.
5. 여기에 전화 번호하고 주소 좀 (쓰다) _____.
6. 방이 더워요. 창문 좀 (열다) _____.
7. 숙제가 어려워요. 좀 (돕다) _____.

E. Translate into Korean using the verb 주다.

1. My mother bought me a new bag. (새 'new').

   _____

2. I bought a new telephone for my younger brother.
   (전화기 'telephone [set]')

   _____

3. Thank you very much for teaching me Korean.

   _____

4. Thank you very much for writing me a letter of
   recommendation. (추천서 'letter of recommendation')

   _____

5. Please call me tonight.

   _____

6. Please buy me lunch.

_____

7. Please send me some money.

_____

8. May I speak to Sandy?

_____

G11.2 ~(으)ㄹ게요

F. Complete the dialogues using ~(으)ㄹ게요.

보기: A: 오늘 점심은 누가 살 거예요?
B: 오늘은 제가 <u>살게요.</u>

1. A: 오늘 몇 시에 집에 돌아올 거예요?
B: 일찍 _____.

2. A: 전화 왔는데 제가 받을까요?
B: 아뇨. 제가 _____.

3. A: 누가 책을 읽을래요?
B: 제가 _____.

4. A: 선생님, 지금 바쁘세요?
B: 네, 좀 바쁜데요. 이따가 오실래요?
A: 그럼, 한 시간 후에 다시 _____.

5. A: 저녁 언제 먹을래요?
B: 숙제하고 나중에 _____.

6. A: 마실 물이 없는데 누가 물을 사러 갈래요?
B: 제가 사러 _____.

7. A: 한국어 사전 좀 빌려 주세요.
B: 네. 빌려 _____.

8. A: 여보세요. 거기 영미씨 집이지요? 영미 좀 바꿔 주세요.

B: 지금 집에 없는데요.

A: 그럼 이따가 다시 _____.

G11.3 때문에 'because of'

G. Complete the dialogues using 때문에.

보기: A: 오늘 아침 수업에 늦었지요? 왜 늦었어요?

B: 차 사고 <u>때문에</u> 늦었어요. (차 사고 'car accident')

1. A: 어제 왜 학교에 안 왔어요?

B: _____

2. A: 저녁에 같이 파티에 갈래요?

B: _____ 못 가요.

3. A: 왜 한국어가 어려워요?

B: _____

4. A: 어제 왜 영화 보러 안 갔어요?

B: _____

5. A: 학교 근처 아파트에 살지요?

B: 네.

A: 왜 기숙사에 안 사세요?

B: _____

6. A: 요즘 왜 돈을 많이 쓰세요?

B: _____

7. A: 한국어 왜 배우세요?

B: _____

8. A: 학교에 일찍 오세요?

뭐 때문에 일찍 오세요? (뭐 때문에 'why?')

B: _____

G11.4　~겠 (intention)

H. Change the verbs into the ~겠어요 form.

> 보기:　저는 내일 <u>갈래요.</u> → 저는 내일 <u>가겠습니다.</u>
>
> 　　커피 <u>마실래요?</u> → 커피 <u>마시겠습니까?</u>

1. 제가 책을 읽을래요. _____.
2. 내일 우리 집으로 전화해 주실래요?_____.
3. 이따가 다시 올래요. _____.
4. 저는 오늘 집에 있을래요. _____.
5. 어떤 음악을 들으실래요? _____.
6. 저는 갈비 먹을래요. _____.
7. 잠깐만 기다리실래요? _____.

I. Complete the sentences using the ~겠 form.

1. [On the street] 저어, 실례합니다. 말씀 좀 _____.
2. [Greeting] 안녕하세요? 처음 _____.
3. [Before having a meal] 잘 _____.
4. [T.V. weather forecast] 내일은 흐리고 비가 _____.

G11.5　Expressing obligation or necessity ~어/아야 되다/하다

J. Choose an appropriate verb from the box below to fill in each blank, then conjugate it in the ~어/아야 form. (No verb is used more than once.)

먹다, 있다, 일하다, 타다, 공부하다, 일어나다, 가다, 사다

1. 배가 고파요. 점심을 _____ 돼요.
2. 돈이 없어요. _____ 돼요.
3. 내일 교수님하고 아침에 약속이 있어서 일찍 _____ 돼요.
4. 비가 와요. 우산이 _____ 해요.
5. 내일 시험이 있어요. 오늘 밤에 _____ 돼요.
6. 내일 친구 생일이에요. 생일 선물을 _____ 돼요.
7. 감기 때문에 아파요. 병원에 _____ 돼요.
8. 차가 막혀서 교통이 복잡해요. 지하철을 _____ 해요.

K. Answer A using ~어/아야 돼요.

보기: A: 한국어를 잘 말하고 싶어요.
         B: 그럼, 한국어를 열심히 연습해야 돼요.

1. A: 졸업하고 대학원에 가고 싶어요.
   B: 그럼, _____.
2. A: 의사가 되고 싶어요. (의사 'doctor')
   B: 그럼, _____.
3. A: 고등학교 선생님이 되고 싶어요.
   B: 그럼, _____.
4. A: 돈을 많이 벌고 싶어요. (돈을 벌다 'to earn money')
   B: 그럼, _____.
5. A: 저는 앞으로 대학 교수가 되고 싶은데요.
   B: 그럼, _____.
6. A: 저는 대학교를 5년째 다니고 있어요. 다음 학기에는 꼭
      졸업하고 싶어요. (5년째 'fifth year', 꼭 'by all means')
   B: 그럼, _____.

L. Translate the following sentences into Korean. Use ~어/아야 되다.

1. It is already 11 P.M. I have to go home now.

   _____

2. I have an exam tomorrow. So I have to study tonight.

   _____

3. Since I have an appointment with Prof. Kim, I have to get up at six tomorrow morning.

   _____

4. Basketball players have to be tall. (농구 선수 'basketball player')

   _____

5. Do you have to work on Saturday?

   _____

6. I have to have twenty dollars.

   _____

7. The dormitory has to be clean and quiet.

   _____

8. I have to write a letter to my mother.

   _____

9. I have to go to the library to borrow some books.
   (책을 빌리다 'to borrow a book')

   _____

10. Why do you have to take economics?

   _____

Speaking Activities

Making a request

A. Make up short dialogues for the following situations.

> 보기: You ask a friend for help with homework.
>
> A: 숙제가 너무 어려운데 좀 도와 주세요.
>
> B: 네. 도와 드릴게요.

1. Your Korean teacher speaks too fast, and you want to ask her or him to speak (more) slowly.
2. You don't have any money and want to borrow $20 from your classmate.
3. The classroom is too hot. You want to ask a classmate who is sitting nearby a window to open the window.
4. You are carrying a very heavy bag and are trying to get help from someone.

Making a telephone call

B. Make up a telephone dialogue with your partner by changing the underlined portions of the example.

> 보기: A: 여보세요, 거기 <u>고향식당</u>이지요?
>
>   B: 네, 그런데요.
>
>   A: <u>이민수 씨</u> 좀 부탁합니다.
>
>   B: 잠깐만 기다리세요.

1. 꽃집/홍민호   2. 서울약국/김기수   3. 카페/박상철
4. 대학책방/최상화   5. 극장/신성회   6. 한미은행/손기혁

C.   Complete the dialogues and practice with your partner.

1. You are calling a classmate to find out why s/he didn't come to Korean class today.

친구: 여보세요.

You: _____

친구: 네, 실례지만 누구세요?

You: 저_____(your name) 예요/이에요.

 _____?

친구: _____어서/아서 학교에 못 갔어요.

You: 많이 아프세요?

친구: 아침에는 많이 아팠는데, _____

You: _____

친구: 네, 전화해 주셔서 감사합니다.

You: _____

2. You call to talk to 민지, but she is not home. Identify yourself to 민지's roommate and say that you will call again.

You: 여보세요. _____?

민지 룸메이트: 지금 없는데요.

You: _____

민지 룸메이트: 저녁 7시 지나서 돌아올 거예요.

You: _____. 안녕히 계세요.

3. A Korean friend you haven't seen for a long while calls you.

You: 여보세요.

영미: 여보세요. 저 영미예요. 그동안 안녕하셨어요?

You: _____

영미: 정말 오래간만이에요. 요즘 어떻게 지내세요?

You: _____

영미: 이번 토요일 저녁에 우리 집에서 파티가 있는데 오실래요?

You: _____

영미: 잘 됐네요. 그럼 토요일 저녁에 만나요.

You: _____

D. 마이클 wants to go out with 민지, but 민지 is not interested in him. Read the dialogue, then practice it with your partner.

마이클: 여보세요. 거기 민지 씨 집이지요?

민지: 네, 그런데요.

마이클: 민지 씨 있어요?

민지: 전데요. 실례지만 누구세요?

마이클: 저 마이클인데요. 내일 낮에 시간 있어요?

민지: 내일 <u>시험이 있어서</u> 공부해야 되는데요.

마이클: 그럼 저녁에는 어때요?

민지: 저녁에는 친구하고 <u>약속이 있어서</u> 안 되는데요.

Now replace what is underlined with your own words.

Telephone conversations

E. Make up telephone conversations for the following situations.

1. You missed class yesterday, and you are calling your professor to explain why, and also to find out what the homework assignment is.
2. You are calling your boyfriend/girlfriend, but his/her mother answers the phone and tells you that he/she is not at home. Attempt to introduce yourself.

3. You are calling a classmate to invite him/her to dinner at your parents'.

4. You are calling a friend to wish him or her a happy birthday.

5. You have had a cold for more than a week, and you are calling your doctor to make an appointment. A nurse asks you to describe the problem.

Leaving a message on an answering machine

F. You missed Korean class yesterday because of a cold. You call a classmate to find out about the homework, but she/he is not at home. Leave a message on the answering machine in Korean. (Variation: Tape your message and then write it down as you replay it.)

G. You are calling to invite a friend to a party on Friday.

Expressing obligation or necessity

H. Describe the pictures using ～어/아야 돼요. (새 신발 'new shoes', 차를 고치다 'to fix a car', 고양이 'cat', 면도하다 'to shave')

보기: 김 선생님은 새 신발을 사셔야 돼요.

1.

2.

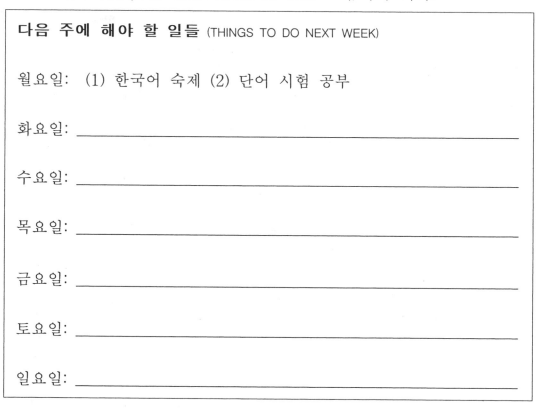

3.

4.

5.

6.

I. What do you have to do next week? Make a list of things to do and tell your class about it. Use ~어/아야 되다.

다음 주에 해야 할 일들 (THINGS TO DO NEXT WEEK)

월요일: (1) 한국어 숙제 (2) 단어 시험 공부

화요일: _____

수요일: _____

목요일: _____

금요일: _____

토요일: _____

일요일: _____

J.   Using the information in the box, engage in the following
dialogue with your partner.

보기: 월요일에는 한국어 숙제하고 단어 시험 공부해야 돼요.

A: _____에 뭐 할 거예요?
B: _____어/아야 돼요.
A: 왜 _____어/아야 돼요?
B: _____
(Give reasons.)

K.   Practice the dialogue.

A: 오늘 저녁에 영화 보러 갈래요?
B: 숙제해야 되는데요.
A: 오늘 꼭 해야 돼요? (꼭 'by all means')
B: 네, 내일까지 숙제를 내야 돼요.
A: 그럼, 내가 도와 줄게요.
B: 고맙습니다. 그럼 내일 같이 영화 보러 갈까요?
A: 네, 좋아요.

Now fill in the blanks with your own words.

A: 오늘 저녁에 _____(으)러 갈래요?
B: _____어/아야 되는데요.
A: 오늘 꼭 해야 돼요?
B: _____
A: 그럼, 내가 도와 줄게요.
B: 고맙습니다. 그럼 내일 같이 _____(으)러 갈까요?
A: 네, 좋아요.

Expressing gratitude

L.   Use an appropriate expression of gratitude for each situation.

1. Your friend has been waiting for you, and you want to thank her/him for waiting.

   _____

2. Your colleagues have done something for you, and you want to thank them for doing it.

   _____

3. Your relatives came to your birthday party, and you want to thank them for coming when they leave.

   _____

4. Your teacher took extra time to teach you, and you want to thank her/him for teaching you.

   _____

5. You left a message on your friend's answering machine, and he/she has returned your call. You want to thank him/her for calling.

   _____

Identifying parts of the body: describing illnesses

M.   Use the pictures to answer the following question.

보기: A: 어디가 아프세요?

B: <u>배가 아파요.</u>

1.   2.   3.

4.   5.   6.

N. Practice the dialogue with your partner. Use expressions from the preceding exercise.

A: _____ 씨, 어제 왜 학교에 안 왔어요?

B: _____어서/아서 못 왔어요.

A: 많이 아팠어요?

B: 네, 어제는 많이 아팠는데 이젠 좀 괜찮아요.

A: 몸조리 잘 하세요.

B: 고맙습니다.

Listening Comprehension

A. Listen to the following expressions, paying close attention to the pronunciation. Repeat aloud after each. Each expression is repeated twice.

1. 이따가 전화할게요.   I will call later.
2. 거기 박 교수님 댁이지요?   Is this Prof. Park's residence?
3. . . . 좀 부탁합니다.   May I speak to . . . ?
4. 내일 좀 뵙고 싶은데요.   I would like to see you tomorrow.
5. 좀 바꿔 주세요.   May I speak to . . . ?
6. 실례지만   Excuse me, but . . .
7. 이젠 괜찮아요.   I am okay now.
8. 언제쯤 돌아올까요?   When will he/she come back?
9. 잠깐만 기다리세요.   Hold on, please.
10. 별일 없으세요?   How have you been?
11. 오백 불만   only five hundred dollars

B. Repeat after each phrase, paying close attention to the contrast between the two expressions. One phrase in each pair is repeated. Circle the phrase you hear.

1. 모르세요.   몰랐어요.
2. 모르는데요.   몰랐는데요.
3. 어떠세요?   어땠어요?
4. 댁이지요?   되겠지요?
5. 봤어요.   받았어요.
6. 가겠습니다.   갔겠습니다.
7. 책을 사야 되는데   책을 써야 되는데
8. 들어가요.   돌아가요.

  9. 돌아올까요.   돌아올게요.
 10. 묻겠습니다.   뵙겠습니다.
 11. 바꾸세요.   바꿨어요.
 12. 많이 아픈데요.   많이 아팠는데요.
 13. 뵙고 싶은데   배우고 싶은데
 14. 걸렸는데요.   걸었는데요.

C. Listen to the taped conversation between Susan and John, then circle "True" or "False."

1. Susan called John.   True   False

2. John didn't go to school because he had a cold. True   False

3. There was no homework assignment today.   True   False

4. John feels better now,   True   False

5. 몸조리 잘 하세요 means 'take care'.   True   False

6. John intends to go to school on Wednesday.   True   False

D. Listen to the taped telephone conversation between Prof. Park and 유진. Then indicate whether the following statements are true (T) or false (F).

1. _____ 유진 called Prof. Park to make an appointment.

2. _____ 유진 wants to take a makeup test.

3. _____ 유진 wants to meet Prof. Park on Thursday.

4. _____ Prof. Park has class until three o'clock on Wednesday.

5. _____ 유진 is going to visit Prof. Park at two o'clock.

6. _____ Prof. Park's office is on the fourth floor of East Hall.

E. Listen to the following message left on an answering machine, then answer the questions in English.

1. What is the purpose of 유진's message?
2. Where is 유진 staying?
3. When did 유진 last receive money from his father?

F. As you listen to the message, fill in the blanks.

스티브씨, 안녕하세요? 저 민진데요, 한국어 숙제 (1)_____
전화했어요. 내일까지 숙제를 내야 (2)_____ 오늘 밤
11시까지 우리 집으로 전화 좀 해 주세요. 지금 시간은 8시
10분이에요. 우리 집 전화 번호 아시죠? (3)_____
전화 번호는 (4)_____의 (5)_____이에요.
그럼 전화 기다리고 있을게요. 안녕히 계세요.

G. Listen to the questions and answer in Korean.

1. _____
2. _____
3. _____
4. _____
5. _____
6. _____

Reading Activities

A. Read this conversation between 존 and 영미. (갑자기 'suddenly')

영미: 여보세요.

존: 거기 영미 씨 집이지요?

영미: 네, 그런데요.

존: 영미 씨 좀 바꿔 주세요.

영미: 전데요. 실례지만 누구세요?

존: 영미 씨, 저 모르시겠어요? 한국어 클래스에 있는 존이에요.

영미: 아, 존 씨, 오늘 수업 시간에 못 봤는데, 왜 안 왔어요?

존: 갑자기 배가 아파서 못 갔어요. 오늘 숙제 있었어요?

영미: 아뇨, 숙제는 없고 내일 11과 단어 시험이 있어요.

      그런데, 많이 아프세요?

존: 아침엔 많이 아팠는데 이젠 괜찮아요.

영미: 그럼 _____.

존: 네, 고맙습니다. 그럼 내일 학교에서 만나요.

1. True or false?
    a. _____ 영미 called 존.
    b. _____ 존 had a stomachache.
    c. _____ He feels better now.
    d. _____ There is no homework for tomorrow.

2. Now fill in the blank in the above conversation with the expression "Take care."

B. Mr. Choi found a message on his telephone answering machine.
(고장나다 'to be broken', 고치다 'to fix')

아버지, 저 영미예요. 그동안 별일 없으시죠? 저도 건강하고,
학교에 잘 다니고 있어요. 저, 책도 사야 되고 또 차가 고장나서
고쳐야 되는데, 돈 좀 부쳐 주세요. 이주 전에 부쳐 주신 돈은
벌써 다 썼어요. 여기 물가가 비싸서 돈이 많이 들어요.
죄송하지만 은행에 천 불만 부쳐 주세요. 그럼 또 전화 드릴게요.

What did you find out from the telephone message? Answer the
questions in English.

1. _____
2. _____
3. _____
4. _____

Writing Activities

A. Compose dialogues for the following situations.

1. You are calling your Korean teacher to make an appointment to see him/her tomorrow.

You: _____

Teacher: _____

You: _____

Teacher: _____

You: _____

Teacher: _____

You: _____

그럼, 안녕히 계세요.

2. You are calling a classmate who had a cold to find out if she is better.

You: _____

Classmate: _____

You: _____

Classmate: _____

You: _____

Classmate: _____

You: _____

그럼, 안녕히 계세요.

B. Practice leaving messages.

1. You are ill today with a cold. You cannot go to Korean class, and you want to leave a message on your teacher's voice mail. Write the message in Korean.

_____

_____

_____

_____

2. You have called to talk to your friend Minji, but she is not home. Leave a message on the answering machine asking her to call you back. Give the time and your telephone number.

_____

_____

_____

_____

C. Answer the following questions about yourself in Korean. (전화비 'telephone bill', 회사 'company', 사용하다 'to use', 장거리 'long distance', 되다 'to amount to', 나오다 'to come out')

1. 하루에 전화하는 시간이 얼마나 돼요?

_____

2. 누구한테 제일 자주 전화하세요?

_____

3. 누구한테서 전화를 제일 자주 받으세요?

_____

4. 한달 전화비가 얼마나 나와요?

   _____

5. 가족들하고 얼마나 자주 전화하세요?

   _____

6. 지금 사용하는 장거리 전화 회사가 뭐예요?

   _____

7. 왜 그 전화 회사를 사용하세요?

   _____

D. Ask a classmate for the following information, using
       실례지만. Then write the questions and answers in Korean.

Classmate's name: _____

1. What is your telephone number?
   Q. _____
   A. _____
2. How often do you call your parents?
   Q. _____
   A. _____
3. How much is your phone bill?
   Q. _____
   A. _____
4. How much money do you spend in a month?
   Q. _____
   A. _____
5. Whom do you want to call this weekend? Why?
   Q. _____
   A. _____

E.   You are looking for a female roommate who is a quiet student. Make up an advertisement for such a roommate.

> 보기: 학생이어야 돼요. '. . . has to be a student'.

F.   Imagine that you are responsible for finding a teacher for a Korean-language class. You have to write an informal job description for the position. Write about the duties and privileges of a good Korean teacher. You can use the phrases below.

> 한국어를 잘 말하다, 친절하다, 학생들을 잘 가르치다, 재미있다, 키가 크다, 아침 8시부터 5시까지 일하다, 학생들을 사랑하다, 마음씨가 좋다

> 보기: 한국어를 잘 말해야 됩니다. '. . . must speak Korean well'.

G. Write about some things you have to do (해야 할 일들) and
    some things you want to do (하고 싶은 일들).

내가 해야 할 일들

_____

_____

_____

_____

_____

_____

_____

_____

내가 하고 싶은 일들

_____

_____

_____

_____

_____

_____

_____

_____

H. Translate into Korean.

1. Because John does not have money, he <u>has to</u> look for a job.
    (일자리를 찾다 'look for a job')

    _____

2. Why do I <u>have to</u> study all the time? (언제나, 늘 'all the time')

    _____

3. I couldn't go to school today because I had (lit. have) a cold.

_____

4. I am very sorry, but could you lend me some money?

_____

5. I have to pay my telephone bill by next Friday.

_____

6. Excuse me, but how much money do you usually spend a month?

_____

7. May I speak to Prof. Kim, please?

_____

8. Just a minute, please.

_____

9. Please call me at home tonight.

_____

10. Because I have a headache, I want to take (some) aspirin and go to bed early tonight.

_____

11. Minji and Mark cannot go to the party tonight. They have to study.

_____

12. Young-mee cannot go to see a movie tomorrow. She has to work at the bookstore.

_____

I. Fill in the blanks in the table.

Dictionary form	~어요/아요	~어서/아서	~어/아 주세요	~(으)ㄹ게요	~어/아야 되다
기다리다 'to wait'	기다려요				
바꾸다 'to change'		바꿔서			
결혼하다 'to marry'			결혼해 주세요		
마치다 'to finish'					
입다 'to wear'					입어야 돼요
찍다 'to take a picture'					
연락하다 'to contact'					
쓰다 'to write'			써 주세요		
이야기하다 'to talk'					
보내다 to 'spend time'		보내서			
사귀다 'to make friends'					
들어오다 'to enter'			들어와 주세요		
묻다 'to ask'	물어요				
받다 'to receive'		받아서			
돕다 'to help'	도와요			도울게요	
부치다 'to send'					
빌리다 'to borrow'		빌려서			

제12과 공항에서 (Lesson 12: At the Airport)

Grammar Exercises

G12.1 Noun(이)라서, N이/가 아니라서 (cause)

A. Complete the following sentences using (이)라서 or 이/가 아니라서.

보기: 저는 <u>학생이라서</u> 돈이 없어요.

1. 오늘은 _____ 길이 많이 막혀요.
2. 저 분은 _____ 책을 많이 읽으세요.
3. 학생이 _____ 학교에 안 가요.
4. 내일이 _____ 선물 사러 백화점에 가요.
5. 여자 친구가 _____ 한국어를 배워요.
6. _____ 좀 바빴어요.

B. Translate the following sentences into Korean using (이)라서.
(연휴 'long weekend', 의사 'doctor')

1. I will go see my parents because this weekend is a long weekend.

   _____

2. I want to learn Korean because my boyfriend is Korean.

   _____

3. I cannot lend it to you because it's not my book.

   _____

4. My father is very busy because he is a doctor.

   _____

5. I am unable to read it because this is a Japanese newspaper.

_____

6. There are not many students on campus because it is spring break. (별로 + negative)

_____

G12.2 ~지 마세요 'Please don't'

C. Answer the following questions using ~지 마세요.

> 보기: A: 택시를 탈까요?
>   B: 아뇨, 택시를 타지 마세요. 버스 타세요.

1. A: 도서관 앞에서 기다릴까요?
   B: _____

2. A: 교수님 연구실로 전화할까요?
   B: _____

3. A: 날씨가 추운데 문을 닫을까요?
   B: _____

4. A: 여기서 사진을 찍을까요?
   B: _____

5. A: 영미 씨한테 연락할까요?
   B: _____

6. A: 이 사진을 샌디 씨한테 보내 줄까요?
   B: _____

D. Translate sentences into Korean.

1. Don't talk so fast. _____

2. Don't drive too fast. _____

3. Don't spend so much money. _____

4. Don't work so hard. _____

5. Don't drink so much coffee. _____

6. Don't worry. (걱정하다 'worry') _____

7. Don't sleep so much. _____

E.   Practice as in the example.

보기: 치마를 입지 말고 바지를 입으세요.

1.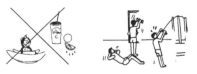

_____

2.

_____

3.

_____

4.

_____

5.

_____

6.

_____

G12.3　Irregular predicates in -르

F. Practice irregular predicates in -르. (무스를 바르다 'to apply mousse', 노래를 부르다 'to sing a song', 머리를 자르다 'to get a haircut')

보기:　　A: 차가 빠르지요?
　　　　　B: 네, 아주 <u>빨라요.</u>

1. A: 이 사람 모르지요?
　 B: _____

2. A: 마크가 노래를 잘 부르지요?
　 B: _____

3. A: 무스를 발랐지요?
　 B: _____

4. A: 머리를 잘랐지요?
　 B: _____

5. A: 배가 부르지요?
　 B: _____

6. A: 택시가 더 빠르지요?
　 B: _____

G12.4   The particle 에 'for, per'

G.   Use the particle 에 to answer the questions.

> 보기: 몇 번 학교에 오세요? [four times a week]
>   <u>일 주일에</u> 네 번 학교에 와요.

1. 하루에 커피를 몇 잔 마셔요? [2 cups a day]

   _____

2. 몇 번 데이트하세요? [once a week]

   _____

3. 일 주일에 몇 번 샤워하세요? [every day]

   _____

4. 돈을 얼마나 쓰세요? [$1,100 a month]

   _____

5. 일 년에 몇 번 여행하러 가세요? [around 4 times]

   _____

6. 몇 시간 텔레비전을 보세요? [5 hours a day]

   _____

7. 우표 한 장에 얼마나 해요? [33 cents]

   _____

8. 한 달 전화비가 얼마나 나와요? [80 dollars a month]

   _____

9. 이 오렌지 얼마예요? [8 dollars a box]

   _____

G12.5　The humble verb 드리다

H. Choose the correct form from among 주었어요, 주셨어요, and 드렸어요.

1. 스티브는 동생한테 선물을 _____.
2. 스티브는 할머니께 선물을 _____.
3. 할머니께서 제 동생한테 책을 _____.
4. 동생이 아버지께 신문을 _____.
5. 부모님께서 저한테 따뜻한 겨울옷을 보내 _____.
6. 저는 할머니께 생일 선물을 사 _____.
7. 영미가 친구한테 점심을 사 _____.

G12.6　The negative ~지 못하다 'cannot, not be able to'

I. Answer the questions using ~지 못하다.

1. A: 어제 밤에 잘 잤어요?
   B: 아뇨, 이가 아파서 _____.
2. A: 점심 먹었어요?
   B: 아뇨, 너무 바빠서 _____.
3. A: 서울에 공부하러 간 유진이한테 편지 보냈어요?
   B: 아뇨. 주소를 몰라서 _____.
4. A: 테니스 많이 쳤어요?
   B: 아뇨, 비가 와서 조금밖에 _____.
5. A: 지난 주말에 잘 쉬었어요? (쉬다 'to rest')
   B: 아뇨, 친구가 놀러 와서 _____.
6. A: 숙제 다 했어요?
   B: 아뇨, 어려워서 아직 다 _____.

J. Translate the following sentences into Korean using ～지 못하다.

1. Because I had a headache, I couldn't sleep well last night.

    _____

2. I am very sorry that I was not able to return your call.

    _____

3. I don't want to go to a swimming pool because I cannot swim very well.

    _____

4. I cannot eat spicy food. (매운 'spicy')

    _____

5. Because my grandmother was not home, I couldn't give the flowers to her.

    _____

G12.7 The adverbial form ～게

K. Fill in the blanks with the adverbial form ～게 to complete the dialogues.

> 보기: A: 주말 재미있었어요?
>   B: 네, <u>재미있게</u> 보냈어요.

1. A: 어제 간 한국 식당, 음식이 맛있었어요?
   B: 네, 아주 _____ 먹었어요.
2. A: 지난 학기 바빴어요?
   B: 네, 첫 학기라서 _____ 보냈어요.

3. A: 샌디가 오늘 아주 예쁘지요?

   B: 네, 옷을 ＿＿＿＿＿＿ 입었어요.

4. A: 영미 씨, 요새 얼굴이 아주 까맣네요.

   B: 수영을 자주 해서 얼굴이 ＿＿＿＿＿＿＿ 됐어요.

5. A: 오늘 아침 수업에 늦었어요?

   B: 네, ＿＿＿＿＿＿＿ 갔어요.

6. A: 크리스마스 즐거웠어요?

   B: 네, 가족들하고 ＿＿＿＿＿＿ 보냈어요.

7. A: 어제 풋볼 게임 재미있었어요? (풋볼 'football', 게임 'game')

   B: 네, 아주 ＿＿＿＿＿＿＿ 봤어요.

8. A: 지난 학기 아주 바빴지요?

   B: 네, 수업을 많이 들어서 ＿＿＿＿＿＿ 지냈어요.

9. A: 어제 본 한국어 시험이 어려웠지요?

   B: 네, 아주 ＿＿＿＿＿＿ 나왔어요.

10. A: 목소리가 너무 작아요. (목소리 'voice')

    B: 더 ＿＿＿＿＿＿ 말할까요?

Speaking Activities

Asking reasons

A. Ask your classmate(s) the following questions. Answers should include [noun(이)라서] or ~어서/아서.

1. 왜 한국어를 배우세요?
2. 어디 사세요? 왜 _____(기숙사/아파트/부모님 집)에 사세요?
3. 오늘 저녁에 뭐 먹을 거예요? 왜요?
4. 이번 주말에 뭐 하고 싶으세요? 왜 _____고 싶으세요?
5. 졸업하고 어디서 일하고 싶으세요? 왜요?

Taking a taxi

B. You are at Kimpo International Airport in Seoul, and you want to take a taxi to go to the Lotte Hotel. Make up a dialogue and practice it with your partner.

You: 택시!
Cab driver: _____
You: _____
Cab driver: _____
You: _____
Cab driver: _____

Asking about prices; buying things

C. You are at a Korean store and want to buy a white bag. Complete the dialogue.

점원: 어서 오세요. 뭐 찾으세요?
You: _____

점원: 네. 이쪽으로 오세요.

You: _____

점원: 십이 불이에요.

You: _____

점원: 감사합니다. 안녕히 가세요.

You: _____

D. Practice the following dialogue.

A: 어서 오세요. 뭐 찾으세요?

B: <u>까만 야구 모자</u> 있어요?

A: 네, 이 쪽으로 오세요. 여기 많이 있어요.

B: 이거 얼마예요?

A: <u>이만 이천 원</u>입니다.

22,000원

E. Substitute the items and prices below for the underlined portions of Exercise D, then practice with your partner.

1. 79,990원   2. 40,860원   3. 12,500원   4. 68,125원

Expressing frequency

F. Interview your classmates using '얼마나 자주. . . ?' (자주 'often', 가끔 'sometimes', 언제나 (= 늘) 'always', 거의 안 'rarely', 매일 (= 날마다) 'every day', 일 주일에 한 번 'once a week', 한 달에 한 번 'once a month', 일 년에 한 번 'once a year')

1. How often do you go to a movie?

2. How often do you write a letter to your parents?

3. How often do you call your parents?

4. How often do you exercise?

5. How often do you eat out? (외식하다, 밖에서 먹다 'to dine out')

6. How often do you go to a department store to buy clothes?

7. How often do you go to the market?

8. How often do you wear a formal suit/dress?

9. How often do you get a haircut? (머리 깎다 'to get a haircut')

G. Challenge: Write the questions and answers above in Korean and present the results to the class.

Questions and answers

H. Choose the most appropriate response from the second column and practice speaking with your partner.

Speaker A	Speaker B
1. (우체국에서) 여기 웬 일이세요?	인삼차 있어요?
2. (택시 안) 어디까지 가세요?	편지 부치러 왔어요.
3. 얼마 나왔어요?	공항에 가요.
4. 한 상자에 얼마예요?	택시 타지 마세요.
5. 뭐 찾으세요?	이만 사천 원입니다.
6. (백화점에서) 야구 모자 어디 있어요?	늦게 일어났어요.
7. 그동안 왜 집에 연락 안 했어요?	만 오천팔백 원 나왔는데요.
8. 공항까지 택시를 탈까요?	첫학기라서 너무 바빴어요.
9. 뭐 타고 왔어요?	이 쪽으로 오세요.
10. 오늘 왜 수업 시간에 늦었어요?	길을 몰라서 택시 탔어요.

Listening Comprehension

A.   Listen to the following expressions, paying close attention to the pronunciation. Repeat after each. Each expression is repeated twice.

  1. 공항   airport
  2. 길이 막히네요.   The roads are blocked.
  3. 얼마나 걸릴까요?   How long will it take?
  4. 글쎄요.   Well, I am not sure.
  5. 도착해요.   It's arriving.
  6. 몰랐는데요.   I didn't know.
  7. 직접   directly
  8. 국내선   domestic flight
  9. 찾으세요.   Please look for it.
10. 따뜻한   warm
11. 첫학기   first semester
12. 안부 전해 주세요.   Give my best regards to . . .
13. 연락하세요.   Please contact . . .

B.   Repeat after each phrase, paying close attention to the contrast between the two expressions. One phrase in each pair is repeated. Circle the phrase you hear.

1. 한 시간 걸리겠는데요.   한 시간 걸었겠는데요.
2. 삼만 이천 원   사만 이천 원
3. 도착할 거예요.   도착하겠어요.
4. 마칠 거예요.   막힐 거예요.
5. 수고하세요.   수고했어요.
6. 뭐 찾으세요?   뭐 찾았어요?

7. 전해 주세요.   전해 줬어요.

8. 첫학기   첫 학교

9. 찾지 마세요.   잡지 마세요.

10. 20분 후에 오세요.   10분 후에 오세요.

11. 잘 입을게요.   잘 입을래요.

12. 앞쪽에 앉으세요.   앞줄에 앉으세요.

C. Listen to the following expressions and circle the correct English equivalents.

1 a. Where are you going?

  b. Where are you from?

  c. Where did you go?

  d. Where is it?

2 a. How much is the fare?

  b. How much did you pay for it?

  c. How much do you want?

  d. How much does it cost?

3 a. It is four thousand two hundred seventy won.

  b. It is forty-two thousand seventy won.

  c. It is forty-seven thousand twenty won.

  d. It is forty thousand two hundred seventy won.

4 a. It took at least 30 minutes.

  b. It won't take more than 30 minutes.

  c. It took less than 30 minutes.

  d. It will take at least 30 minutes.

5 a. What did you find?

  b. For whom are you looking?

  c. What are you looking for?

  d. Who found it?

D. Listen to the taped conversation between a cab driver and 민지, and circle the correct answers.

1. Why is there a traffic jam?
   a. because it is Friday afternoon
   b. because it is rush hour
   c. because it is a long weekend
   d. because there is a car accident

2. How long will it take to (get to) the airport?
   a. at least one and a half hours
   b. at least two hours
   c. at most one and a half hours
   d. at most two hours

3. The cab driver thinks that
   a. 민지 will be on time
   b. 민지 will be late
   c. there will be heavy traffic near the airport
   d. the traffic jam will be cleared up soon

4. Where is 민지 going to get off?
   a. at the international departures (area)
   b. at the international arrivals (area)
   c. at a domestic departures (area)
   d. at a domestic arrivals (area)

E. Listen to the conversation and circle the correct answers.

1. Where does the conversation take place?
   a. at a bank
   b. at a post office
   c. at a gift shop
   d. at a bookstore

2. What is the man going to do?
   a. He is going to withdraw money.
   b. He will mail a Korean doll.
   c. He is going to buy ginseng tea.
   d. He will shop around more.

F. Fill in the blanks as you listen to the following voice mail.

어머니, 저 민지예요. 그동안 안녕하셨어요? 아버지, 할머니 다
안녕하세요? 그동안 자주 (1)_____ 드리지 못해서 정말
죄송해요. (2)_____라서 너무 바빴어요. 저는 오늘부터
겨울 방학이에요. 참 지난주에 (3)_____에 큰아버지 마중
나갔어요. 선물도 잘 받았어요. 옷 잘 (4)_____. 저는
겨울 방학 동안 기숙사 친구들하고 스키 타러 갈 거예요. 언니하고
오빠한테도 제 안부 (5)_____. 그럼 크리스마스
즐겁게 보내세요. 또 전화 (6)_____.

G. Listen to the questions and answer in Korean.

1. _____
2. _____
3. _____
4. _____
5. _____
   (제일 가까운 'the closest')
6. _____

Reading Activities

A. Read the following letter and answer the questions in Korean.
(눈이 오다 'to snow', 바람이 불다 'to be windy', 캘리포니아 'California',
그립다 'to miss', 스키 타다 'to ski')

수잔 씨,

   그동안 안녕하셨어요? 김 선생님께서도 안녕하세요? 그동안
연락 드리지 못해서 정말 죄송합니다. 저는 첫학기라서 아주
바쁘게 지냈어요. 일 주일 전에 가을 학기가 끝났어요. 저는 가을
학기 동안 수업을 다섯 과목이나 들었어요. 월요일부터 금요일까지
매일 수업이 있어서 제가 좋아하는 수영을 할 시간도 없었어요.

   그 곳 날씨는 요즘 어떻습니까? 여기 서울은 요즘 굉장히
춥습니다. 눈도 많이 오고 바람도 많이 불어요. 따뜻한 캘리포니아
날씨가 그립습니다. 다음 주 수요일은 크리스마스입니다. 저는
크리스마스 동안 기숙사에서 사귄 친구들하고 스키 타러 갈
거예요. 눈이 많이 와서 아주 재미있을 거예요. 수잔 씨는
크리스마스에 뭐 할거예요? 한국어 반 친구들한테 안부 전해
주세요. 김 선생님께도 안부 전해 주세요. 그럼 또 연락 드릴게요.
크리스마스 즐겁게 보내시고 새해 복 많이 받으십시오.

2000년 12월 19일

서울에서 철수

1. 이 편지는 누가 누구한테 쓴 편지입니까?
2. 철수는 가을 학기 동안 왜 수영을 하지 못했습니까?
3. 요즘 서울의 날씨는 어떻습니까?
4. 철수는 누구하고 같이 스키를 타러 갑니까?
5. List all the examples of the adverbial form ～게.

B. Read Mark's journal entry below and answer the questions in English or Korean. (요금 'taxi fare', 거스름돈 'change', 우연히 'coincidentally')

10월 23일 토요일

오늘 영국에서 오는 여동생을 마중하러 김포 공항에 갔습니다.
공항까지 가는 길을 잘 몰라서 택시를 탔는데 길이 많이
막혔습니다. 서울은 토요일 교통이 아주 복잡합니다. 집에서
공항까지 택시로 두 시간 이십 분쯤 걸렸습니다. 그래서 요금이
삼만 이천 원이나 나왔습니다. 나는 택시 기사한테 사만 원을 주고
거스름돈을 팔천 원 받았습니다.
　　공항에 도착해서 선물 가게에 들어갔습니다. 선물 가게에서
여동생에게 줄 선물과 인삼차 한 상자를 샀습니다. 그런데
국제선에서 우연히 민지 씨를 만났습니다. 민지 씨는 캐나다에서
오시는 큰아버지를 기다리고 있었습니다. 민지 씨는 나한테
공항까지 직접 오는 버스를 가르쳐 주었습니다.

1. 마크는 왜 공항에 갔습니까?

　　＿＿＿＿＿＿＿＿＿＿＿＿＿＿＿＿＿＿＿＿＿＿＿＿＿＿＿＿

2. 마크는 왜 택시를 탔습니까?

　　＿＿＿＿＿＿＿＿＿＿＿＿＿＿＿＿＿＿＿＿＿＿＿＿＿＿＿＿

3. 마크의 집에서 공항까지 얼마나 걸렸습니까?

　　＿＿＿＿＿＿＿＿＿＿＿＿＿＿＿＿＿＿＿＿＿＿＿＿＿＿＿＿

4. 공항까지 택시 요금이 얼마나 나왔습니까?

　　＿＿＿＿＿＿＿＿＿＿＿＿＿＿＿＿＿＿＿＿＿＿＿＿＿＿＿＿

5. 민지 씨는 공항에서 누구를 기다리고 있었습니까?

　　＿＿＿＿＿＿＿＿＿＿＿＿＿＿＿＿＿＿＿＿＿＿＿＿＿＿＿＿

6. 오늘은 무슨 요일입니까?

　　＿＿＿＿＿＿＿＿＿＿＿＿＿＿＿＿＿＿＿＿＿＿＿＿＿＿＿＿

Writing Activities

A. Imagine that you are writing a letter to your pen pal (a college student) in Seoul. Introduce yourself in the letter.

_____에게

_____

_____

_____

_____

_____

_____

_____

_____

_____년 ____월 ___일

_____

B. Write a thank-you note to your friend who came to your birthday party and gave you a nice present.

_____

_____

_____

_____

Writing letters

C. Write letters for the situations described below.

Write to a friend who lives in Seoul, asking him if he can come to the Kimpo International Airport to pick you up, and if you can stay a week at his place while you are in Seoul.

_____ 씨께

_____

_____

_____

_____

_____

_____년 ____월 ___일

_____

Suppose you are the friend in Seoul who has received the request described above. Reply in Korean.

_____ 씨께

_____

_____

_____

_____

_____

_____년 ____월 ___일

_____

D. Translate into Korean. Spell the numbers out.

    1. October 7, 1997   _____

    2. $25,000   _____

    3. 6:40 A.M.   _____

    4. ₩98,769   _____

    5. $57.99   _____

    6. April 19, 1997   _____

    7. ₩56,510   _____

    8. June 20, 1996   _____

    9. (tel.) 533-0876   _____

E. Imagine that you are teaching Korean. Tell your students three things that are not allowed in class, using ～지 마세요.

> 보기: 수업 시간에 영어를 <u>쓰지 마세요.</u>

    1. _____

    2. _____

    3. _____

F. Now, as a student, make three requests to your Korean teacher.

> 보기: 숙제를 너무 많이 주지 마세요.

    1. _____

    2. _____

    3. _____

G.   Complete the dialogues.

1. (유진 and 성희 run into each other at Kimpo Airport.)

   A: 유진 씨, 여기 _____?

   B: 어. 성희 씨, 안녕하세요? 미국에서 오는 친구 마중

   나왔어요. 성희 씨는 공항에 _____?

   A: 저는 오늘 부모님이 오세요.

   B: _____ 비행기예요?

   A: 네 시 사십 분 비행기예요. 15분 후에 _____ 거예요.

   B: 성희 씨 부모님은 호주에 사시지요?

   부모님께 자주 _____?

   A: 아뇨, 바빠서 자주 연락 못 드려요.

   그런데, 공항까지 _____?

   B: 길을 잘 몰라서 택시 탔어요.

2. A: 얼굴이 안 좋네요.

   어제 밤에 잘 잤어요?

   B: 아뇨, 머리가 아파서 _____.

3. A: 오렌지 한 상자에 _____?

   B: 십만 원이에요. (오렌지 'an orange')

4. A: 오늘 아침 수업에 왜 _____?

   B: 아침에 늦게 일어났어요.

H. Complete the table of irregular predicate forms.

Type	Dictionary form	~어요/아요	~ㅂ/습니다	~(으)세요	~어서/아서
-ㄷ	듣다 'to listen'	들어요			
	걷다 'to walk'				
-르	모르다 'to not know'	몰라요			
	빠르다 'to be fast'				
	부르다 'to sing'				
-ㄹ	알다 'to know'			아세요	
	놀다 'to play'				
	만들다 'to make'				
-ㅂ	춥다 'to be cold'	추워요			
	어렵다 'to be difficult'				
	쉽다 'to be easy'			쉬우세요	
-으	예쁘다 'to be pretty'	예뻐요			
	쓰다 'to use'				
	바쁘다 'to be busy'				
-ㅎ	어떻다 'to be some way'	어때요			어때서
	이렇다 'to be this way'	이래요		이러세요	
	노랗다 'to be yellow'			—	노래서

I. Give the noun-modifying form (present ~(으)ㄴ) and the
    adverbial form for the following adjectives.

Adjective	Noun-modifying form	Adverbial form
노랗다 'to be yellow'	노란	노랗게
까맣다 'to be black'	_____	_____
어떻다 'to be some way'	_____	_____
길다 'to be long'	_____	_____
다르다 'to be different'	_____	_____
같다 'to be the same'	_____	_____
깨끗하다 'to be clean'	_____	_____
조용하다 'to be quiet'	_____	_____
편하다 'to be comfortable'	_____	_____
넓다 'to be spacious'	_____	_____
싸다 'to be inexpensive'	_____	_____
빠르다 'to be fast'	_____	_____
어렵다 'to be difficult'	_____	_____
건강하다 'to be healthy'	_____	_____
따뜻하다 'to be warm'	_____	_____
괜찮다 'to be okay'	_____	_____
늦다 'to be late'	_____	_____
재미있다 'to be interesting'	_____	_____
맛있다 'to be tasty'	_____	_____

J. Fill in the blanks with an appropriate adverbial or noun-
    modifying form from the list above.

1. 머리가 _____ 여자가 우리 여동생이에요.
2. 어제 한국 식당에 가서 갈비를 _____ 먹었어요.
3. 동생하고 나는 _____ 방을 씁니다.

4. 어제 친구 집에 놀러 가서 _____ 놀았어요.

5. 운동하러 나가요. 그래서 옷을 _____ 입었어요.

6. 민지는 조용하고 _____ 방을 좋아해요.

7. 내가 사는 아파트 앞에 _____ 운동장이 있어요.

8. 아침 8시부터 5시까지 수업이 있어서 아주 _____ 지냈어요.

9. 어제 밤 1시까지 텔레비전을 봤어요.
    그래서 아침에 _____ 일어났어요.

10. 저기 키가 크고 _____ 옷을 입은 남학생이 누구예요?

11. A: 시험 잘 봤어요?
    B: 네, _____ 봤어요.

12. 전화 번호가 _____ 되세요?

13. 감기에 걸렸어요? 그럼 물을 많이 마시고 옷을 _____
    입으세요.

K. Translate into Korean.

1. Please don't smoke here. (담배 피우다 'to smoke')

   _____

2. Don't drink and drive. (술 마시다 'to drink alcoholic beverages')

   _____

3. There are not many cars on the road today because it is
   Saturday.

   _____

4. How often do you write letters to your parents in Korea?

   _____

5. I drink three cups of coffee a day.

   _____

6. How much is this box of oranges? (Use 한 상자에.)

   _____

7. I come to school three times a week.

_____

8. I bought dinner for my grandmother.

_____

9. Because the homework was (lit. is) very difficult, I was unable to do it.

_____

10. How long does it take (to get) from school to the airport?

_____

11. How long have you studied Korean?

_____

12. Don't speak so loudly. (크게 'loudly')

_____

13. How many letters have you written this month?

_____

14. How many letters have you received this month?

_____

L.   Fill in the blanks with an appropriate adverbial form from the box.

매일 (=날마다), 가끔, 자주, 별로, 갑자기, 굉장히, 무척, 아주, 정말, 직접, 다, 새로, 열심히, 푹, 한 번, 모두, 제일, 천천히, 아까, 아직, 일찍, 방금, 이따가, 바로, 적어도, 조용히, 즐겁게, 그냥, 좀, 아마, 보통, 조금, 혼자, 빨리, 또, 이만, 요즘, 잘, 참, 처음, 이젠

1. 이번 시험이 어려울 거예요. 공부 _____ 하세요.
2. 너무 _____ 운전하지 마세요. 천천히 가세요.
3. 지금은 바쁜데 _____ 다시 오세요.
4. 샌디 씨, _____ 어떻게 지내세요?
5. 수업이 많아서 월요일부터 금요일까지 _____ 학교에 가요.

6. A: 공항까지 얼마나 걸릴까요?

   B: _____ 한 시간은 걸리겠는데요.

7. 수업 시간에 늦지 마세요. 아침에 _____ 일어나세요.

8. A: 샌디가 안 보이네요. 어디 갔어요?

   B: _____ 학교에 갔을 거예요.

9. A: 오늘 날씨 참 따뜻하지요?

   B: 네, 오늘은 _____ 안 추운데요.

10. A: 운동하러 자주 가세요?

    B: 아니오, 자주 못 가요. _____ 가요.

11. 여름 방학 _____ 보내세요.

12. A: 주말에 뭐 하실 거예요?

    B: _____ 잠이나 잘래요.

13. A: 형제들은 다 결혼했어요?

    B: 네, 다 결혼하고 저 _____ 안 했어요.

14. A: 버스 정류장이 어디 있어요?

    B: 출구로 나가서 길을 건너세요. 그럼 _____ 거기 있어요.

15. 피곤하세요? 그럼 _____ 쉬세요. (피곤하다 'to be tired')

16. 그럼 안녕히 가세요. _____ 뵙겠습니다.

17. A: 아직 머리가 아프세요?

    B: 아침에는 많이 아팠는데 _____ 좀 괜찮아요.

18. 여보세요, 샌디 _____ 바꿔 주세요.

19. 샌디는 학교에서 _____ 안 왔어요.

제13과 방학과 휴일
(Lesson 13: School Vacations and Holidays)

Grammar Exercises

G13.1 Noun 때 'at the time of'

A. Ask a classmate these questions and write the answers in Korean.

Classmate's name: _____

1. 초등 학교 때 뭐가 되고 싶었어요?

_____

2. 열 다섯 살 때 어디 살고 있었어요?

_____

3. 지난 겨울 방학 때 뭐 했어요?

_____

4. 고등 학교 때 무슨 과목을 제일 좋아했어요?

_____

5. 작년 크리스마스 때 무슨 선물을 받았어요?

_____

6. 지난 봄 방학 때 어디 갔어요?

_____

7. 이번 여름 방학 때 뭐 하고 싶으세요?

_____

8. 어제 저녁 때 어디서 뭐 하고 있었어요?

_____

Challenge: Let your classmates guess who the person is.

B. Compose sentences including [noun 때]. Example:

> 보기: 고등 학교 때 <u>키가 작았어요.</u>

　　1. 초등 학교 때 _____
　　2. 중학교 때 _____
　　3. 지난 봄방학 때 _____
　　4. 크리스마스 때 _____
　　5. 이번 여름방학 때 _____
　　6. 점심 때 _____
　　7. 시험 때 _____

> **G13.2** ～(으)ㄹ까 하다 'I am (we are) thinking of ～ing'

C. Give different answers to the following questions using (이)나 . . . ～(으)ㄹ까 해요. Example:

> 보기: Q: 이번 휴일에 뭐 할 거예요?
> 　　　A: 집에서 텔레비전이나 볼까 해요.

1.

_____

2.

_____

3.

_____

4.

_____

5.

_____

(등산 가다 'to go hiking')

6.

_____

7.

_____

8.

_____

D. Rewrite the sentences as in the example.

> 보기: 피곤해서 일찍 자야 돼요.
>   → 피곤해서 일찍 <u>잘까 해요.</u>

1. 교통이 복잡해서 지하철을 타야 돼요.

   _____

2. 머리가 아파서 아스피린을 먹어야 돼요.

   _____

3. 운동을 많이 해서 샤워해야 돼요.

   _____

4. 배가 아파서 병원에 가야 돼요.

   _____

5. 김 선생님을 만나서 이야기해야 돼요.

   _____

6. 은행에 가서 돈을 찾아야 돼요.

   _____

E. Complete the following sentences using ~(으)ㄹ까 해요.

1. 겨울 방학에 피아노를 _____.
2. 시험이 끝나고 영화나 _____.
3. 방학 때 한국에 가서 _____.
4. 집에서 학교까지 멀어서 _____.
5. 오늘 비가 많이 와서 _____.
6. 공항까지 차가 많이 막혀서 _____.
7. 주말에 친구한테 전화를 걸어서 _____.

F. Answer the questions using ~(으)ㄹ까 해요.

1. 이번 여름 방학에 뭐 할 거예요? _____.
2. 오늘 점심 때 뭐 먹을 거예요? _____.
3. 오늘 저녁에 뭐 할 거예요? _____.
4. 졸업하고 뭐 할 거예요? _____.

G13.3 ~고 나서 'after'

G. Answer the question "저녁에 보통 뭐 해요?" as in the example.

보기:

밥 <u>먹고 나서</u> 텔레비전 봐요.

1.

 →

2.

  →

3.

 →

(요리하다 'to cook', 설거지하다 'to do the dishes')

4.

→

H. Combine the two sentences into one as in the example.

보기: 친구한테 전화했어요. 숙제를 했어요.
        → 친구한테 전화하고 나서 숙제를 했어요.

1. 저녁을 먹었어요. 책을 빌리러 학교 도서관에 갔어요.
   _____

2. 경제학 수업을 들어요. 점심을 먹어요.
   _____

3. 고등 학교를 졸업했어요. 대학교에 들어왔어요.
   _____

4. 수업이 끝났어요. 일하러 은행에 갔어요.
   _____

5. 테니스를 쳤어요. 잠을 잤어요.
   _____

6. 노래를 불러요. 커피를 마실까 해요. (노래를 부르다 'to sing')
   _____

G13.4 Listing actions: 도 ~고 . . . 도 ~고

I.   Use the construction 도 ~고 . . . 도 ~고 to list actions.
     Examples:

> 보기 1   A: 주말에 보통 어디 가세요? [산/바닷가]
>   B: <u>산에도 가고 바닷가에도 가고</u> 그래요.
> 보기 2   A: 지난 주말에는 뭐 했어요? [숙제 하다/편지 쓰다]
>   B: <u>숙제도 하고 편지도 쓰고</u> 했어요.

1. 크리스마스 때 보통 어디 가세요? [부모님 집/친구 집]
   _____

2. 주말에 보통 뭐 하세요? [친구 만나다/영화 보다]
   _____

3. 저녁 먹고 나서 보통 뭐 하세요? [전화하다/신문 읽다]
   _____

4. 여름 방학에 뭐 할 거예요? [수영하다/한국어 연습하다]

_____

5. 봄 방학 때 뭐 했어요? [스키 타다/여행하다]

_____

6. 점심 때 보통 뭐 먹어요? [햄버거/스파게티/피자]

_____

7. 이번 주말에 뭐 하고 싶으세요? [잠자다/데이트하다]

_____

8. 수업 끝나고 나서 보통 뭐 하세요? [공부하다/운동하다]

_____

G13.5 (An act of) ~ing: ~는 것

J.   Practice using ~는 것을 or its contracted form ~는 걸.

보기: 저는 음악 <u>듣는 것을</u> (=<u>듣는 걸</u>) 좋아해요.

1.

_____

2.

_____

3.

_____

4.

_____

5.

_____

6.

_____

K. Practice using ～는 것을 싫어해요.

보기: 저는 일하는 <u>것을</u> (=일하는 <u>걸</u>) 싫어해요.

1.

_____

(춤추다 'to dance')

2.

_____

3.

_____

(청소하다 'to clean')

4.

_____

(치과에 가다 'to go to the dentist')

5.

_____

(요리하다 'to cook')

6.

_____

G13.6 ~지만 'but, although'

L.   Combine the two sentences using ~지만.

> 보기: 한국어는 어려워요. 그렇지만 재미있어요.
>   → 한국어는 <u>어렵지만 재미있어요.</u>

1. 여름 방학은 길어요. 그렇지만 겨울 방학은 아주 짧아요.
   → _____

2. 시험 공부를 많이 했어요. 그렇지만 시험을 잘 못 봤어요.
   → _____

3. 우체국이 가까워요. 그렇지만 다리가 아파서 차를 타고 갔어요.
   → _____

4. 제임스는 똑똑해요. 그렇지만 공부를 열심히 안 해요.
   → _____

5. 내일은 휴일이에요. 그렇지만 저는 책방에서 일을 해야 돼요.
   → _____

6. 우리 할머니는 연세가 많으세요. 그렇지만 아주 건강하세요.
   → _____

M.   Complete the sentences using ~지만.

> 보기: _____ 시험을 잘 못 봤어요.
>   → <u>공부를 많이 했지만</u> 시험을 잘 못 봤어요.

1. 카메라가 _____ 그냥 샀어요. (카메라 'camera')
2. 한국어는 _____ 재미있어요.
3. _____ 운동하는 걸 좋아해요.
4. _____ 날씨가 안 추워요.

5. _____ 전화는 자주 해요.

6. _____ 한국어를 참 잘 해요.

G13.7 ～(으)면서 'while ～ing'

N. Describe the following pictures using ～(으)면서. (노래를 부르다 'to sing a song', 운전하다 'to drive')

> 보기: 샤워하면서 노래를 부르고 있어요.
>

1.

_____

2.

_____

3.

_____

4.

_____

O. Translate into Korean using ～(으)면서.

1. Prof. Park reads a newspaper while eating breakfast.

_____

2. John listens to music while driving.

_____

3. While playing the piano, Susan is singing a song.

   _____

4. While drinking coffee, I'm talking with my friend.

   _____

5. While talking with a Korean friend, I'm practicing Korean.

   _____

6. While watching a television, Sandy wrote a letter to her parents in who live in Hong Kong.

   _____

P. What can you do while you are engaged in the following activities?

┌───┐
│ 보기: 컴퓨터를 치면서 <u>텔레비전을 봐요.</u>   │
└───┘

1. 샤워하면서 _____.
2. 조깅하면서 _____.
3. 운전하면서 _____.
4. 신문을 읽으면서 _____.
5. 수업을 들으면서 _____.

Speaking Activities

Sequence of events

A. Practice this dialogue with a classmate.

A: 초등 학교 때 뭐가 되고 싶었어요?
B: _____가/이 되고 싶었어요.
A: 고등 학교 때는요?
B: 고등 학교 때는 _____가/이 되고 싶었는데
    지금은 _____가/이 되고 싶어요.

B. Practice the following dialogue with a classmate.

A: 이번 금요일 저녁에 뭐 할까요?
B: 저는 영화 보러 가고 싶은데, _____ 씨는 뭐 하고 싶으세요?
A: 저는 볼링 치러 가고 싶은데요. (볼링 치다 'to bowl')
B: 그럼 영화 보고 나서 볼링 치는 게 어때요?
A: 네, 좋아요.

Now complete the next dialogue.

A: 이번 일요일 오후에 뭐 할까요?
B: 저는 _____고 싶은데, _____ 씨는 뭐 하고 싶으세요?
A: 저는 _____고 싶은데요.
B: 그럼 _____고 나서 _____는 게 어때요?
A: 네, 좋아요.

C. Practice this telephone conversation.

A: 여보세요. 거기 스티브 집이지요?
B: 네, 그런데요.

A: 스티브 좀 바꿔 주세요.

B: 지금 없는데요. 저녁 먹고 나서 나갔어요.

A: 몇 시쯤 나갔어요?

B: 30분 전에 나갔어요. 아마 도서관에 갔을 거예요.

A: 몇 시쯤 돌아올까요?

B: 2시간 후에 올 거예요.

A: 고맙습니다. 안녕히 계세요.

Complete the next dialogue using some of the patterns from above.

A: 여보세요. 거기 _____ 집이지요?

B: 네, 그런데요.

A: _____ 좀 바꿔 주세요.

B: 지금 없는데요. _____고 나서 나갔어요.

A: 몇 시쯤 나갔어요?

B: _____ 전에 나갔어요. 아마 _____에 갔을 거예요.

A: 몇 시쯤 돌아올까요?

B: _____ 후에 올 거예요.

A: 고맙습니다. 안녕히 계세요.

Listing more than two activities

D.   Practice asking and replying as in the example.

보기: A: 주말에 보통 뭐 하세요?   B: 공부도 하고, 운동도 하고, 친구도 만나고 그래요.

1. 주말에 보통 뭐 해요?

    _____도 _____고, _____도 _____고,

    _____도 _____고 그래요.

2. 이번 여름 방학 때 뭐 할 거예요?

＿＿＿＿＿도 ＿＿＿＿＿고, ＿＿＿＿＿도 ＿＿＿＿＿고,

＿＿＿＿＿도 ＿＿＿＿＿고 할 거예요/-(으)ㄹ까 해요.

3. 지난 주말에 뭐 했어요?

＿＿＿＿＿도 ＿＿＿＿＿고, ＿＿＿＿＿도 ＿＿＿＿＿고,

＿＿＿＿＿도 ＿＿＿＿＿고 했어요.

4. 저녁 먹고 나서 보통 뭐 하세요?

＿＿＿＿＿도 ＿＿＿＿＿고, ＿＿＿＿＿도 ＿＿＿＿＿고,

＿＿＿＿＿도 ＿＿＿＿＿고 그래요.

Describing simultaneous actions

E. Below is a list of some verbs introduced earlier. Combine two activities using ～(으)면서 (G13.7) as in the example. Combinations should make sense.

> 커피를 마시다, 신문을 읽다, 샤워하다, 음악을 듣다, 편지를 쓰다,
> 운동하다, 친구를 사귀다, 이야기하다, 사진을 찍다, 옷을 입다,
> 안경을 끼다, 편지를 부치다, 노래를 부르다, 전화하다, 밥을 먹다,
> 길을 건너다, 선물을 사다, 텔레비전을 보다, 스키를 타다, 돈을
> 벌다, 일을 하다, 수업을 듣다, 등산가다, 여행하다, 잠을 자다,
> 춤을 추다, 운전하다, 데이트하다, 빨래하다, 청소하다, 걸어가다

> 보기: 커피를 마시면서 신문을 읽어요.
> 'While drinking coffee, I read the newspaper.'

Variation: Write each verb above on a card. A student takes two cards and mimes the combination (for example, "While drinking coffee, I read the newspaper"). The others guess the two actions using ～(으)면서.

F.   Practice the following conversation with a classmate.

A: 운전하면서 보통 뭐 하세요?

B: 운전하면서 _____도 _____고,

_____도 _____고 그래요.

_____ 씨는 <u>운전하면서</u> 뭐 하세요?

A: 저는 보통 라디오 들어요.

Substitute the following terms for 운전하면서 and practice the dialogue again.

빨래하다, 음악 듣다, 커피 마시다, 아침을 먹다, 춤을 추다, 데이트하다, 담배를 피우다, 텔레비전을 보다, 일하다

Meeting someone by chance

G.   Fill in the blanks and practice the conversation with classmates.

(우체국에서)

A: 아니, _____ 씨 아니세요?

오래간만이에요.

B: 어, _____ 씨, 안녕하세요?

A: 여기 웬일이세요?

B: 친구 생일이라서 생일 카드 부치러 왔어요.

_____ 씨는 여기 웬일이세요?

A: _____

Change the setting to the following situations and practice the dialogue again:

1. 백화점
2. 공항
3. 한국 식당
4. 스키장
5. 은행
6. 도서관

H.   Begin conversations as if you were in these situations.

1. You've gone to a restaurant with your girl/boyfriend and encountered your ex-girl/boyfriend.
2. You've met your favorite teacher from elementary school.
3. You've just met a very popular Korean actor/singer, and you are anxious to take a picture with him/her.

Talking about vacation plans

I.   Practice the conversation.

A: 이번 여름 방학 때 뭐 하고 싶으세요?
B: 일도 하고, 한국어 수업도 듣고, 여행도 할까 해요.
A: 작년 여름 방학 때는 뭐 했어요?
B: 한국에 가서 친구도 만나고, 수영도 많이 하고, 영어도 가르쳤어요.
A: 이번 주말에는 무슨 계획이 있으세요?
B: 친구하고 놀러 가고 싶지만, 시험이 있어서 공부해야 돼요.

Complete this dialogue in your own words.

A: 이번 여름 방학 때 뭐 하고 싶으세요?
B: _____도, _____~고, _____도 _____~(으)ㄹ까 해요.
A: 작년 여름 방학 때는 뭐 했어요?
B: _____도, _____~고, _____도 _____~었/았어요.
A: 이번 주말에는 무슨 계획이 있으세요?
B: _____~고 싶지만, _____~어/아야 돼요.

J. Complete the following conversation.

A: 여행 좋아하세요?
B: 네, _____.
A: 왜 여행하는 걸 좋아하세요?
B: _____
A: 어느, 어느 나라에 여행가고 싶으세요?
B: _____하고 _____에 _____.
A: 왜요?
B: _____

K. You and your friends are planning a vacation. First make a plan and fill in the "Things to decide" column in the table. Then decide who will do the "Things to do" using expressions like ~(으)ㄹ 거예요, ~(으)ㄹ까 해요, ~(으)ㄹ래요, ~겠어요, and ~(으)ㄹ게요. (예약하다 'to make a reservation')

Place	Things to decide	Things to do
San Diego	1. When to leave and return	Buy train tickets from the Auto Club (AAA) Call Avis for a reservation.
	2. How to get there: 　　train: $34 per person 　　car rental: $22 per day 　　Which car to rent? 　　Who will drive?	
	3. Where to sleep: 　　Marriott:　　　$108 　　Holiday Inn:　　$80 　　Best Western:　$50 　　Relative's condo: $20	Make reservation a week in advance.
	4. What to see (lit. visit): 　　Sea World 　　San Diego Zoo	Buy discount tickets from the Student Center two days before the trip.
Hawaii	1. When to leave and return	
	2. How to get there: 　　airplane 　　cruise	Call for plane reservation, then go to the travel agency. Make reservation for the cruise three weeks in advance.
	3. Where to sleep: 　　Sheraton:　　　$120 　　Holiday Inn:　　$90 　　Ramada:　　　　$60	Make reservation two weeks in advance.
	4. What to visit: 　　Hanauma Bay 　　Big Island	

Setting up a get-together

L. Make a dialogue as in the example. Use the pairs of phrases to fill in the blanks.

```
보기:    한국 음식 / 한국 식당
```

A: 한국 음식 좋아하세요?

B: 네, 좋아하는데 한국 식당이 너무 멀어서 자주 못 가요.

A: 그럼, 내일 시간 있으세요?

B: 네, 있어요. 왜요?

A: 같이 한국 식당에 안 갈래요?

B: 좋아요. 몇 시쯤 만날까요?

A: _____ 어때요?

B: 괜찮아요. 그럼 어디서 만날까요?

A: _____에서 만날래요?

B: 네. 그럼 내일 만나요.

1. 영화 / 극장   2. 야구 / 야구장   3. 노래 / 노래방
4. 음악 / 음악회   5. 운동/ 헬스 센터 6. 스키 / 스키장
7. 수영 / 수영장   8. 오페라 / 극장   9. 농구 / 농구장

(야구장 'baseball field', 노래방 'karaoke', 음악회 'concert', 농구 'basketball')

M. Role Play: Make up short conversations for the situations below.

1. You want to ask someone out.
2. You have two opera tickets for tomorrow night, so you have decided to invite someone you like.
3. You have a final exam next week, so you want to get together with some of your classmates.

Listening Comprehension

A. Listen to the following expressions, paying close attention to the pronunciation. Repeat after each. Each expression is repeated twice.

1. 팔월	August
2. 짧아요	It is short.
3. 시작돼요	It is beginning.
4. 방학 계획	plan for a school vacation
5. 좋겠네요	I'm sure it will be nice. (I envy you.)
6. 끝났지요?	It ended, didn't it?
7. 바닷가	beach
8. 편리합니다	It is convenient.
9. 휴일	holiday
10. 별 계획 없어요	I don't have any special plans.
11. 몇 시쯤 가실 거예요?	What time are you going to go?
12. 계획합니다	I plan

B. The first time repeat each phrase, paying attention to the contrast between the two expressions. The second time you will hear only one member of each pair. Circle the phrase you hear.

1. 끝났어요.	끝냈어요.
2. 계획했어요.	계획하세요.
3. 싸겠어요.	쓰겠어요.
4. 벌 거예요.	멀 거예요.
5. 못 갔지요?	못 봤지요?
6. 시작했어요.	시작됐어요.
7. 팔월	팔일

8. 잘까 해요.　　　　찰까 해요. (차다 'to kick')

9. 놀러 갈까 해요.　　노래할까 해요.

10. 가실 거예요?　　　같이 갈까요?

11. 돈을 벌면서　　　　돈을 벌어서 (돈을 벌다 'to make money')

12. 바닷가에요.　　　　받을 거예요.

C. Listen to the taped conversation between Yujin and Minji and circle the correct answer. The conversation is read twice. (하나 더 'one more')

1. When did Yujin finish his exams?

a. Monday　　b. Tuesday　　c. Wednesday　d. Friday

2. How many more exams does Minji have?

a. one　　　　b. two　　　　c. three　　　　d. four

3. When will Minji go home?

a. Wednesday　b. Thursday　　c. Friday　　　d. Saturday

D. Listen to the conversation. Complete the summary by filling in the blanks. (출발하다 'to leave')

Next Monday is (1)_____. Steve wants to (2)_____ during the long weekend. Because he had to study for exams, he has slept only (3)_____ hours in the past several days. Minji plans to go (4)_____ with her friends. She will leave on Friday and come back (5)_____ afternoon. Minji wants to buy ski boots. She will meet Steve at (6)_____ tomorrow to go shopping.

E. Listen to the narration as it is read and complete the table.

Name	유진	성희	스티브	민지
Plans	visiting family			

F. Michael has received a letter from his friend Steve in Seoul. Listen as the letter is read and fill in the blanks. (산 'mountain')

마이클 씨,

　　그동안 어떻게 지내셨어요?
저는 서울에서 바쁜 학교 생활을 보내고 있습니다.
(1)_____ 좀 힘들었지만 기숙사에서 좋은 친구들을
많이 사귀었습니다. 제 룸메이트는 호주에서 온 유학생 마크입니다.
마크는 동양학을 (2)_____ 대학원 학생입니다.
　　다음 주부터는 겨울 방학이 시작됩니다. 한국은 여름 방학은
(3)_____ 겨울 방학은 아주 (4)_____.
십이월부터 이월까지입니다. 그래서 이번 겨울 방학 동안 여러 일을
하고 싶습니다. 집 근처 책방에서 (5)_____ 하고
태권도도 배우고 (6)_____ 할까 합니다. 다음 주는 기숙사
친구들하고 등산하러 갑니다. 서울 근처에는 좋은 산들이 많이
있습니다.
거기 친구들한테 안부 전해 주세요.
　　또 (7)_____드리겠습니다.
　그럼 안녕히 계세요.

　　　　　　　　　　　　　　　　　　　2000년 12월 20일
　　　　　　　　　　　　　　　　　　　서울에서 스티브

G. Listen to the following expressions in Korean and choose the English equivalents.

1 a. I am thinking about going to the beach.
 b. I used to go to the beach very often.
 c. I went to the beach last weekend.
 d. I am playing on the beach.
2 a. You've made plans for the vacation, right?
 b. Would you like to make plans for the vacation?
 c. What did you do during the vacation?
 d. What plans have you made for the vacation?
3 a. I have to work in order to go to school.
 b. While attending school, I also work.
 c. I need to work more to go to school.
 d. While working, I wanted to go to school.
4 a. Although the weather is cold, I want to exercise.
 b. I want to exercise because the weather is cold.
 c. I don't want to exercise because it is cold.
 d. While exercising outside, I feel good.

H. Listen to the questions and answer in Korean.

1. _____
2. _____
3. _____
4. _____
5. _____
6. _____

Reading Activities

James wrote about his summer plans as follows.

저는 이번 여름 방학 동안 한국에 갈까 합니다. 한국에 가서 서울에 있는 친구도 만나고, 여행도 같이 가고, 한국 대학생들에게 영어도 가르치고, 돈도 벌고 싶습니다. 그리고 한국어도 많이 연습하고 싶습니다. 저는 그동안 미국에서 한국어를 일 년 공부했지만 제가 다니는 대학교에 한국 학생들이 별로 없어서 한국어를 많이 연습하지 못했습니다. 한국은 여름 방학이 아주 짧아서 한 달 반밖에 안 됩니다.

작년 여름 방학에는 일본에 있는 대학교에서 일본어를 공부했습니다. 그 대학교 가까운 곳에 바닷가가 있어서 바닷가에 수영하러 자주 갔습니다. 그리고 제 일본 친구하고 일본 음식도 먹고, 일본어로 이야기도 하고 그랬습니다. 그 친구하고 요즘도 자주 연락합니다. 일본에 또 가고 싶지만 일본의 여름 날씨가 너무 더워서 겨울 방학에 갈까 합니다.

Mark the following statements about James true (T) or false (F).

1. He plans to earn money in Korea this summer. _____
2. There are not many Korean students in his school. _____
3. He taught English in Japan last summer. _____
4. He has lost contact with his Japanese friend. _____
5. He plans to visit Japan in the winter. _____

Writing Activities

A. 여름 방학 계획을 세우세요.

_____

_____

_____

_____

_____

_____

_____

_____

B. Write a letter to your pen pal in Seoul saying that you will be visiting Seoul in the summer.

_____에게,

_____

_____

_____

_____

_____

_____년 ____월 ____일

_____

C.   제일 좋아하는 휴일이 언제예요? 왜 그 휴일을 좋아하세요?

_____

_____

_____

_____

_____

D.   지금까지 여행한 곳 중에서 가장 인상적인 곳은 어디입니까?
그 이유는 무엇입니까? (What is the most impressive place you have
traveled to? Why?)

_____

_____

_____

_____

_____

E.   방학이나 연휴 때 가장 가 보고 싶은 곳은 어디입니까? 그 이유는
무엇입니까? (Where do you want to go most on vacation? Why?)

_____

_____

_____

_____

_____

_____

F. 작년 여름 방학과 겨울 방학을 비교해 보세요.

(Compare your most recent summer and winter vacations.)

_____

_____

_____

_____

_____

_____

_____

G. Translate the following sentences into Korean.

1. I went to the school bookstore to buy a computer after (having) lunch. (Use ~고 나서.)

   _____

2. What did you do during spring break?

   _____

3. I am thinking of going skiing after (taking) my final exam.

   _____

4. Have a nice summer vacation! (Use ~게.)

   _____

5. While taking Korean class in Seoul, I taught English to college students. (Use ~으면서.)

   _____

6. Winter break is short, but summer break is long.

   _____

7. I like to play tennis, but I don't like to play golf.

   _____

8. Sandy likes to read the newspaper while drinking coffee.

   _____

9. Young-mee likes to call her boyfriend. (Use ~는 것을.)

   _____

10. Sunghee wants to go to the beach, but she has to study at the library.

    _____

11. Steve wants to play tennis, but he has to do his homework.

    _____

12. I like to wear jeans, but I don't like to wear a tie. (청바지 'jeans', 넥타이를 매다 'to wear a tie')

    _____

H. Ask your partner with these questions and write both questions and answers in Korean.

Classmate's name: _____

1. What do you usually do after (having) dinner?
   Q: _____
   A: _____

2. Where were you living at the age of ten? (Use 때.)
   Q: _____
   A: _____

3. What are you going to do during summer vacation?
   Q: _____
   A: _____

4. Do you like to listen to music? What kind of music do you like?
   Q: _____
   A: _____

5. What do you usually do while driving?

    Q: _____

    A: _____

6. What (lit. when) was your most memorable vacation? Why?

   (제일 기억에 남는 'most memorable')

    Q: _____

    A: _____

       _____

       _____

I. Fill in the missing forms.

Dictionary form	~어요/아요	~(으)면서	~(으)ㄹ까요	~어서/아서	~지만
걷다	걸어요				
듣다		들으면서			
(돈을) 벌다			벌까요		
놀다					
(전화) 걸다				걸어서	
질문하다					
계획하다				계획해서	
스키 타다					
등산 가다					
짧다					
잠자다					잠자지만
달리다					

J. Change the statements into questions as in the example.

> 보기: 샌디는 3시에 친구하고 <u>카페에서</u> 만날 거예요.
> → 샌디는 3시에 친구하고 <u>어디서</u> 만날 거예요?

1. 마크는 <u>여동생하고</u> 전화하고 있습니다.
_____

2. 린다는 <u>초등 학교 1학년 때</u> 서울에서 살았습니다.
_____

3. 이 가방은 <u>샌디 동생</u> 거예요.
_____

4. 한국어 수업은 <u>매일 아침 9시에</u> 있어요.
_____

5. 학교까지 <u>자전거로</u> 와요.
_____

6. 택시비가 <u>3만 2천 원</u> 나왔어요. (택시비 'taxi fare')
_____

7. 스티브는 <u>까만</u> 모자를 쓰고 있어요.
_____

8. 민지가 <u>부모님께</u> 편지를 썼어요.
_____

9. 영미는 <u>일 년 동안</u> 한국어를 배웠어요.
_____

10. 유진이는 <u>10분 전에</u> 편지 부치러 나갔어요.
_____

11. <u>여자 친구가 한국 사람이라서</u> 한국어를 배워요.
_____

12. <u>오후 1시부터 3시까지</u> 학교에 있을 거예요.
_____

제14과 음식점에서 (Lesson 14: At a Restaurant)

Grammar Exercises

G14.1 ～어/아 보다 'try doing'

A. Change the verbs into the ～어/아 보다 form and write short sentences.

보기: 먹다/보다 → <u>먹어 보다</u> → <u>김치 먹어 봤어요?</u>

1. 만들다/보다 → _____ → _____
2. 걸어 오다/보다 → _____ → _____
3. 시키다/보다 → _____ → _____
4. 배우다/보다 → _____ → _____
5. 듣다/보다 → _____ → _____
6. 주문하다/보다 → _____ → _____
7. 마시다/보다 → _____ → _____

B. Respond using ～어/아 볼게요.

보기: A: 이 책을 읽으세요.
      B: 네, 읽어 볼게요.

1. A: 계획을 세우세요.
   B: _____
2. A: 까만 안경을 끼세요.
   B: _____
3. A: 빨간 옷을 입으세요.
   B: _____

4. A: 인삼차를 마시세요.

B: _____

5. A: 중국 음식을 시키세요.

B: _____

C.   Translate using ~어/아 보다.

1. A: Have you ever been to Korea?

B: Yes, I've been there once.

A: _____

B: _____

2. Why don't you wear a white hat?

_____

3. Have you ever listened to 아리랑?

_____

4. Why don't you try 냉면?

_____

5. Why don't you wear glasses?

_____

G14.2   ~어/아 주다 versus ~어/아 드리다

D.   Choose the correct form.

1. 종업원: 계산서 (줄까요? 드릴까요? 주세요, 드리세요)
   손님: 네, 지금 주세요.

2. 어머니께서 동생한테 된장찌개를 만들어 (줬어요, 주셨어요,
   드렸어요, 드리셨어요)

3. 저는 아버지 생신 때 구두를 사 (줬어요, 주셨어요, 드렸어요, 드리셨어요)

4. 할머니께서 저한테 시계를 선물해 (줬어요, 주셨어요, 드렸어요, 드리셨어요)

5. 친구가 나한테 점심을 사 (줬어요, 주셨어요, 드렸어요, 드리셨어요)

6. 나는 친구한테 라면을 만들어 (줬어요, 드렸어요)

7. 택시 기사: 손님, 어디서 세워 드릴까요?
   손님: 저 우체국 앞에서 세워 (주세요, 드리세요)

E. Translate into English using 주다 or 드리다.

1. Minji gave me flowers and a book for my birthday.

   _____

2. I made a sandwich for my roommate.

   _____

3. I bought dinner for my grandmother.

   _____

4. May I help you?

   _____

5. My grandfather gave me a new bag and a watch.

   _____

6. May I borrow your Korean dictionary? (~어/아 주세요)

   _____

7. Could you lend me some money?

   _____

8. Please put the bag under the table.

   _____

9. Please help me.

   _____

G14.3   Negation: ~지 않다

F.   Change the following sentences into the form ~지 않다.

> 보기: 머리가 아파서 오늘 수업에 안 갔어요.
> → 머리가 아파서 오늘 수업에 <u>가지 않았어요.</u>

1. 내일은 수업이 없어서 학교에 안 갈 거예요.

   _____

2. 시험을 잘 못 봐서 기분이 별로 안 좋아요.

   _____

3. 육개장이 너무 매워서 안 먹었습니다.

   _____

4. 수미가 할머니께 선물을 안 드렸어요.

   _____

5. 종업원이 우리가 주문한 음식을 안 가지고 왔어요.

   _____

6. 식당에서 돈을 안 낸 사람이 누구예요?

   _____

7. 지난 일주일은 시험 때문에 하루도 안 쉬고 공부했어요.

   _____

G.   Make negative questions as in the example.

> 보기: A: 샌디 학교에 <u>가지 않았어요?</u>
> B: 네, 갔어요.

1. A: 이 책 _____?
   B: 네, 읽었어요.

2. A: 내일 휴일_____?

   B: 네, 휴일이에요.

3. A: 요즘 _____?

   B: 네, 피곤해요.

4. A: 날씨가 _____?

   B: 네. 더워요.

5. A: 시험이 _____?

   B: 네, 어려웠어요.

6. A: 타이태닉 영화 _____?

   B: 네, 봤어요.

7. A: 바닷가에 _____?

   B: 네, 놀러 갈래요.

G14.4 Compound verbs

H. Combine the two verbs using the ~어/아, then make up a short sentence. Example:

보기:	사다/오다 → <u>사 오다</u> → <u>친구가 꽃을 사 왔어요.</u>

1. 빌리다/주다   → _____ → _____

2. 걷다/오다   → _____ → _____

3. 내리다/가다   → _____ → _____

4. 듣다/보다   → _____ → _____

5. 놓다/주다   → _____ → _____

6. 돌다/오다   → _____ → _____

7. 걷다/다니다   → _____ → _____

8. 빌리다/드리다 → _____ → _____

9. 사다/주다   → _____ → _____

I. Choose an appropriate compound verb from the list above to complete each sentence.

1. 친구한테 돈을 _____ 아직 못 받았어요.
2. 집에서 학교까지 가까워서 _____.
3. 머리가 아프세요? 그럼 이 음악을 _____.
4. 가방을 책상 밑에 _____.
5. 수업 마치고 몇 시쯤 집에 _____?
6. 여자 친구 생일날 꽃을 _____.

G14.5 The nominalizer ～기

J. Describe your likes and dislikes using ～기.

보기:

　　하기 좋아하는 것: 요리하기 　　하기 싫어하는 것: 설거지하기

하기 좋아하는 것들:

1. 　　2. 　　3.

_____　　_____　　_____

4.

_____

5.

_____

6.

_____

7.

_____

8.

_____

9.

_____

하기 싫어하는 것들:

1.

_____

2.

_____

3.

_____

4.

_____

5.

_____

6.

_____

7.

_____

8.

_____

9.

_____

K. Complete the following sentences using ~기.

> 보기: 비가 와서 <u>학교에 가기</u> 싫어요. 집에 있고 싶어요.

1. 집에서 학교까지 멀어서 _____기 불편해요.
2. 영미는 _____기를 좋아해요. 주말에도 스키 타러 갈 거예요.
3. 어제 늦게 자서 오늘 아침에 _____기 아주 힘들었어요.
4. 내일 시험이 있어요. 그렇지만 피곤해서 _____기 싫어요.
5. 저는 비 오는 날 _____기 싫어해요.
6. 영미는 남자 친구하고 _____기 좋아해요. 영미는 남자 친구하고 매일 전화해요.

G14.6 ~기 때문에 (reason)

L. Connect the two sentences with ~기 때문에.

> 보기: 시간이 없어요. 그래서 그냥 가요.
> → 시간이 <u>없기</u> 때문에 그냥 가요.

1. 김치가 매워요. 그래서 잘 못 먹어요.
   → _____
2. 영미는 남자 친구를 사랑해요. 그래서 결혼해요.
   → _____
3. 한국 음식을 좋아해요. 그래서 한국 음식점에 자주 가요.
   → _____
4. 내일 시험을 봐요. 그래서 도서관에서 공부해야 돼요.
   → _____
5. 오늘 날씨가 추워요. 그래서 옷을 따뜻하게 입었어요.
   → _____

6. 영미가 점심을 샀어요. 그래서 제가 커피를 샀어요.

   → _____

7. 이번 학기에 졸업해야 돼요. 그래서 공부를 열심히 해요.

   → _____

8. 한국어를 잘 말하고 싶어요. 그래서 매일 한국어를 연습해요.

   → _____

9. 극장에 사람들이 많지 않았어요. 그래서 좋은 자리에 앉았어요.

   → _____

M. Answer the following questions using ～기 때문에. (배가 아프다 'to have a stomachache', 배가 부르다 'to be full', 화가 나다 'to be angry')

보기: 이 사람이 왜 더 못 먹을까요?
   → 배가 <u>부르기 때문에</u> 더 못 먹어요.

1. 제임스 여자 친구가 왜 화가 났을까요?

   → _____

2. 왜 탐이 더 못 먹을까요?

   → _____

3. 이 사람이 왜 여자 친구하고 영화를 못 봐요?

   → _____

4. 유진이 왜 화가 났을까요?

   → _____

Speaking Activities

Talking about food

A. Talk about food with another student.

1. What are common Korean foods? What are they like?
2. How often do you eat Korean food?
3. Do you like *kalbi* (갈비)?
4. What is your favorite dish? How do you make it?
5. How often do you go to the market?

Ordering food

B. Read the following menu.

◆우리 식당 메뉴◆			
불고기	₩11,000	음료수 (beverages)	
갈비	₩11,000	인삼차	₩2,000
냉면	₩9,000	유자차	₩1,900
비빔밥	₩8,500	맥주	₩3,000
육개장	₩7,600	커피	₩1,500
된장찌개	₩5,400		

Using the menu above, fill in the blanks and practice the dialogue with classmates.

A: 어서 오세요. 몇 분이세요?

B: ＿＿＿＿＿＿＿＿ 명인데요. 자리 있어요?

A: 네, 이쪽으로 오세요. 주문하시겠어요?

B: 나는 ＿＿＿＿＿ 주세요.

C: 나는 ＿＿＿＿＿하고 ＿＿＿＿ 주세요.

Describing tastes

C.   Describe your favorite dish or recipe in Korean.

D.   Describe the colors and tastes of the following items.

1.

_____

_____

2.

_____

_____

3.

_____

_____

4.

_____

_____

5.

_____

_____

6.

_____

_____

7.

_____

_____

8.

_____

_____

9.

_____

_____

~어/아 드리다 versus ~어/아 주다

E.   1. Practice the dialogue. (G14.2)

마이클: 영미 씨, 오늘 점심은 제가 살게요. 뭐 사 드릴까요?

영미: 갈비가 먹고 싶은데요. 갈비 사 주실래요?

마이클: 네, 사 드릴게요.

2. Change the dialogue by filling in the blanks with some of the foods pictured. Label the pictures.

A: _____ 씨, 오늘 점심 사 드릴까요?

B: 네, 사 주세요.

A: 뭐 사 드릴까요?

B: _____가/이 먹고 싶은데요.

    _____하고 _____ 사 주세요.

A: 네, 사 드릴게요.

_____   _____   _____

_____   _____   _____

Making suggestions

F. Make a suggestion about the following situations using ～어/아 보세요.

> 보기: A: 요즘 시험 때문에 스트레스가 아주 많아요.
>
>   B: 그럼, 음악을 <u>들어 보세요.</u> 'Then why don't you . . . ?'

1. A: 감기 때문에 머리가 아파요.

   B: 그럼, _____.

2. A: 시험을 못 봐서 기분이 안 좋아요.

   B: 그럼, _____.

3. A: 내 룸메이트가 너무 시끄러워요.

   B: 그럼, _____.

4. A: 한국어가 너무 어려워요.

   B: 그럼, _____.

5. A: 저는 매운 음식을 잘 못 먹어요.

   B: 그럼, _____.

6. A: 요즘 경제학 수업 때문에 스트레스가 많아요.

   B: 그럼, _____.

7. A: 여자 친구 때문에 공부할 시간이 없어요.

   B: 그럼, _____.

Describing past experiences: ~어/아 봤어요 (G14.1)

G. Ask your partner these questions. (신문사 'newspaper company', 코끼리 'elephant', 유명한 'famous', 낚시하다 'to fish')

1. 신문사에 편지를 보내 봤어요?
2. 코끼리를 타 봤어요?
3. 유명한 사람을 만나 봤어요?
4. 디즈니랜드에 가 봤어요?
5. 바다에서 낚시해 봤어요?

H. Challenge: Find a person in your class who has had each of the experiences above and tell your class about him/her. Use the form "_____어/아 본 사람은 _____ (name)예요/이에요."

> 보기: 신문사에 편지를 <u>보내 본 사람은 제임스예요.</u>

Seeking confirmation or agreement (~지 않아요?/~지 않았어요?)

I.   You smell garlic when your classmate James walks by. You think that the smell comes from kimchi, but you are not quite sure. Frame a question asking whether your guess is true.

> 보기: 제임스 씨, 오늘 아침에 김치 <u>먹지 않았어요?</u>

J.   Write some things that you think are true about your classmates, then go to them and verify your beliefs. Use the negative question ~지 않아요/~지 않았어요?

_____

_____

_____

_____

Asking questions and giving reasons

K.   Ask and answer the following questions using ~기 때문에.

1. 왜 한국어를 배우세요?
2. 오늘 기분이 좋아요, 나빠요? 왜요?
3. 왜 오늘 숙제를 안 했어요?
4. 왜 시험을 잘 못 봤어요?

L.   How would you find out why the following things happened?

> 보기: Your friend didn't show up for Korean class yesterday.
> <u>어제 왜 한국어 수업에 안 왔어요?</u>

1. Your friend was late for a class today.

_____

2. Your friend recently broke up with his/her girl/boyfriend.
   (헤어지다 'to break up')

_____

3. Your friend looks extremely tired today.

_____

4. Your friend looks very happy. (기분이 좋다 'to look happy')

_____

5. Your friend has decided to go to Korea during the summer.

_____

6. Your friend wants to borrow $30,000 from a bank.

_____

Ask a classmate the questions you have written above, then tell his/her reasons to your class. Use ~기 때문에.

| 보기: | 영미는 어제 머리가 <u>아팠기 때문에</u> 수업에 안 왔어요. |

Listening Comprehension

A. Listen to the following expressions, paying close attention to the pronunciation, and repeat after each. Each expression is repeated twice.

1. 제가 살게요.	I will buy it.
2. 싫어해요.	I don't like it.
3. 몇 분이세요?	How many of you are there?
4. 주문하시겠어요?	Would you like to order?
5. 맛있었어요.	It was tasty.
6. 잘라 드릴까요?	Shall I cut it for you?
7. 육개장이 맵지 않아요?	Isn't the shredded beef soup hot?
8. 비빔밥	mixed vegetable rice
9. 괜찮습니다.	It is all right.

B. Repeat after each phrase, paying close attention to the contrast between the two expressions. One phrase in each pair is repeated. Circle the phrase you hear.

1. 주문하시겠어요?	질문하시겠어요?
2. 맛있겠는데요.	마시겠는데요.
3. 내려 드릴까요?	내일 드릴까요?
4. 수고하세요.	쓰고 하세요.
5. 몇이세요?	몇 시예요?
6. 맛있었어요.	많이 썼어요.
7. 비빔밥 먹을게요.	비빔밥 먹을래요.
8. 놓아 주세요.	놓아 줬어요.
9. 안 잤습니다.	앉았습니다.
10. 맵지 않았습니다.	내지 않았습니다.

11. 안 잘 거예요.   안 짤 거예요.

12. 물 더 주세요.   물도 주세요.

13. 일도 하고 돈도 벌고   일 더 하고 돈 더 벌고

C.   Listen to the conversation and answer the questions in English.

1. How does the woman describe the restaurant?

   _____ and _____

2. Why does the woman offer to buy coffee?

   _____

D.   Listen to the conversation and answer the questions in English.
      (차 'tea')

1. What did 성희 order?

2. Where did the man try 육개장?

3. What kind of drink did 성희 order?

E.   Listen to the following phrases, which are used often in
      restaurants. Choose the correct equivalent for each expression.

1 a. Come quickly.

  b. Welcome.

  c. Please come again.

  d. More people are coming.

2 a. Are there seats available?

  b. Is there an extra chair?

  c. Is this business hour?

  d. Is this seat taken?

3 a. Please bring me a check.

  b. Please bring me a calculator.

  c. Please take the check.

  d. Please take the calculator.

4 a. Who is 비빔밥?

  b. Who likes 비빔밥?

  c. Who ordered 비빔밥?

  d. Who wants 비빔밥?

5 a. It tastes delicious.

  b. It was beautiful.

  c. It looks delicious.

  d. It appears attractive.

6 a. Isn't it too spicy?

  b. It's not spicy at all, is it?

  c. It's too bland (I want it spicy), isn't it?

  d. It's not spicy enough.

7 a. I need to buy coffee.

  b. I'll buy coffee (for you).

  c. I'd like to have coffee.

  d. I bought coffee.

F. As you listen to the following narration, fill in the blanks. The narration will be repeated twice.

민지와 영미는 오늘 학교 앞 한식집에 점심을 먹으러 갔습니다. 학교 앞에 있는 한식집은 식당이 (1)_____, 깨끗하고, 음식이 아주 맛있습니다. 민지는 비빔밥을 시키고 영미는 순두부 찌개를 (2)_____. 비빔밥에 고추장이 같이 나왔지만 민지는 매운 것을 (3)_____ 먹기 때문에 고추장은 먹지 않았습니다. 점심을 다 먹고 나서 한식집 (4)_____

있는 카페에 커피 마시러 갔습니다. 민지는 인삼차를 마시고
영미는 커피를 (5)_____.

G. Listen to the dialogue and complete the box. (배달하다 'to deliver',
그럼요 'of course')

_____ 식당		

Check one:
      To go   ___
      Eat here   ___
      Delivery ___		

Item _____ _____ _____	Quantity _____ _____ _____	
Address: Phone:		
Total: $		

H. Listen to the questions and answer them in Korean.

1. _____

2. _____

3. _____

4. _____

5. _____

6. _____

I. Listen to the radio commercial and fill in the blanks with the appropriate expressions.

_____ 식당

_____과 _____음식이 모두 있는 _____ 식당!!

_____을 먹을까요, 짬뽕은 _____!
_____에 냉면은 너무 너무 맛있어요.

_____과 함께 하는 _____식사, _____식사
한국에서 _____이 오셔도 "와, 맛있다"
식당은 역시 우리 식당이지요.

아침 _____부디 밤 _____까지
_____도 해 드립니다.

_____로 전화 해주세요.

올림픽과 웨스턴 우리식당.

Reading Activities

Read the passage and complete the exercises that follow it. (그릇 'bowl', 배가 고프다 'to be hungry', 아이스크림 'ice cream')

성희와 민지는 오늘 시험이 끝나서 시내에 있는 한국 음식점에 저녁을 먹으러 갔습니다. 식당 안은 저녁 시간이라서 손님이 아주 많았습니다. 종업원이 냉수 두 잔과 메뉴를 가져 왔습니다. 민지는 갈비와 냉면을 시키고 성희는 매운 음식을 좋아하기 때문에 육개장을 주문했습니다. 성희는 배가 고파서 밥을 한 그릇 더 주문했습니다. 종업원이 친절해서 김치하고 반찬도 더 갖다 주었습니다. 오래간만에 저녁을 (맛있다)_____ 먹었습니다. 식사가 끝나고 나서 성희가 계산을 했습니다. 전부 삼만 오천 원이 나왔습니다. 그래서 민지가 식당 건너편에 있는 아이스크림 가게에 가서 아이스크림을 샀습니다.

1. Mark the statements true (T), false (F), or cannot tell (X).
    a. _____ 식당 안에 손님이 별로 없었습니다.
    b. _____ 성희는 매운 음식을 좋아하지 않습니다.
    c. _____ 성희는 배가 아주 고팠습니다.
    d. _____ 육개장은 매운 음식입니다.
    e. _____ 음식점에서 돈을 낸 사람은 성희입니다.

2. How much was the dinner?
    a. ₩30,500   b. ₩35,000   c. ₩3,050   d. ₩30,050

3. Fill in the blank with an appropriate form of 맛있다.

    _____

Writing Activities

A.   List five things you like to do and five you don't like to do. Use ~기. (G14.5)

> 보기: <u>여행하기</u> 좋아해요 / <u>청소하기</u> 싫어해요

      하기 좋은 일들   하기 싫은 일들

1. _____   1. _____
2. _____   2. _____
3. _____   3. _____
4. _____   4. _____
5. _____   5. _____

B.   You are at a Korean restaurant with three friends. Make up a dialogue with the waitress.

종업원: 어서 오세요. 모두 몇 분이세요?

You: _____. 자리 있어요?

종업원: 네. 이쪽으로 오세요.

          . . .

          마실 거 주문하시겠어요? (마실 거 'something to drink')

You: _____?

종업원: 여기 있어요.

You: _____.

          ('I would like to have 갈비 and 냉면.')

종업원: 잠깐만 기다리세요.

You: _____?

종업원: 네, 갖다 드릴게요. 냉면 국수 잘라 드릴까요?

You: 네, _____.

C. Complete the following dialogue using ~지 않다. (G14.3)

A: 지난 주말에 무슨 영화 봤어요?

B: 타이태닉 봤어요.

A: 극장에 사람이 _____?

B: 네, 정말 많았어요.

A: 영화가 _____?

B: 네, 너무 슬펐어요. (슬프다 'to be sad')

A: 또 _____?

B: 네, 또 보고 싶은데요.

D. Answer the following questions about yourself.

1. 좋아하는 음식이 뭐예요?

   _____

2. 어제 저녁에 무슨 음식을 먹었어요?

   _____

3. 오늘 저녁에는 뭐 먹을 거예요?

   _____

4. 아침, 점심, 저녁에 보통 어떤 음식을 먹어요?

   아침: _____

   점심: _____

   저녁: _____

5. 한국 음식 먹어 봤어요? 어떤 음식을 먹어 봤어요?

   _____

6. 한국 음식 맛이 어땠어요?

   _____

7. 한국 식당에 가 봤어요? 식당이 어디 있어요?

   _____

8. 매운 음식 좋아하세요? 어떤 음식이 제일 매웠어요?

_____

9. 싫어하는 음식이 뭐예요? 왜 싫어하세요?

_____

E. Ask a classmate the following questions, and then write an article about that classmate in Korean. (생선 'fish', 닭고기 'chicken', 쇠고기 'beef')

1. What kind of food do you like?
2. What did you have for dinner yesterday?
3. What do you usually drink when you eat lunch?
4. How often do you eat rice?
5. Do you like to eat fish? Chicken? Beef?
6. How much coffee do you drink a day?
   (커피 한잔 'a cup of coffee')
7. Do you like Korean food?
8. What do you eat when you don't have much money?
9. Which restaurant do you go often?
10. Do you like spicy food?

Classmate's name _____

_____ 씨는 _____음식을 좋아합니다.

_____

_____

_____

_____

_____

_____

F.   Fill in the blanks.

Dictionary form	~어요/아요	~ㅂ/습니다	~어서/아서	~(으)ㄹ 거예요
모르다 'to not know'				모를 거예요
길다 'to be long'		깁니다		
만들다 'to make'				
(돈을) 벌다 'to earn money'		법니다		
어렵다 'to be difficult'			어려워서	
맛있다 'to be tasty'				
맵다 'to be spicy'	매워요			
놓다 'to put'				
자르다 'to cut'	잘라요			
시키다 'to order (food)'				

G. Fill in the blanks.

Dictionary form	~네요	~어/아 보다	~(으)면서	~어/아야
시키다 'to order'	시키네요			
자르다 'to cut'				
마시다 'to drink'				
받다 'to receive'		받아 보다		
놓다 'to put'			놓으면서	
주문하다 'to order (food)'				
알다 'to know'				알아야

제15과　취미 (Lesson 15: Hobbies)

Grammar Exercises

G15.1　～기 전에 'before ～ing'

A. Describe the following pictures, which show a sequence of two
events. Use ～기 전에.

보기:

한국 식당에서 저녁을 <u>먹기 전에</u> 메리하고 존은 영화를 봤어요.

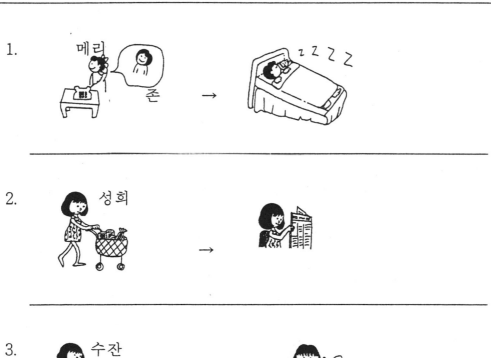

1. 메리
   존　→

   _____

2. 성희

   →

   _____

3. 수잔

   →

   _____

4.

 동수 →

_____

B.   Complete the sentences using ~기 전에.

1. 서울에 _____ 나한테 전화하세요.
2. 영화 _____ 화장실에 갔어요. (화장실 'bathroom')
3. 텔레비전_____ 숙제해요.
4. 아침에 일어나서 샤워 _____ 운동해요.
5. 어제 밤 _____ 할머니께 편지를 썼어요.
6. 아침에 학교에 _____ 기숙사에서 아침을 먹어요.

C.   Transform the sentences by using ~기 전에.

보기: 샌디는 숙제를 <u>하고 나서</u> 텔레비전을 봐요.
        → 샌디는 텔레비전을 <u>보기 전에</u> 숙제를 해요.

1. 점심을 먹고 나서 백화점에 신발을 사러 갔어요.
   → _____
2. 커피를 마시고 나서 도서관에 갈 거예요.
   → _____
3. 손을 씻고 식사하세요. (손을 씻다 'to wash hands')
   → _____
4. 졸업을 하고 나서 결혼하고 싶어요.
   → _____
5. 선생님께 먼저 전화하고 나서 연구실로 갈까 합니다.
   → _____

G15.2 ～기 시작하다 'begin to'

D.   Answer the questions below, using the example as a model.

> 보기: A: 언제부터 테니스를 배웠어요? (고등 학교때)
>   B: 고등 학교 때부터 배우기 시작했어요.

   1. A: 언제부터 스키 탔어요? (열두 살 때)
      B: _____

   2. A: 몇 살 때부터 피아노를 쳤어요? (여섯 살 때)
      B: _____

   3. A: 언제부터 태권도를 배웠어요? (작년)
      B: _____

   4. A: 언제부터 그림을 그렸어요? (오 년 전)
      B: _____

E.   Answer the questions in your own words.

   1. 언제부터 한국어를 배우기 시작했어요?

      _____

   2. 언제부터 데이트하기 시작했어요?

      _____

   3. 언제부터 _____ (the place you live in) 에 살기 시작했어요?

      _____

   4. 좋아하는 배우가 누구예요? 언제부터 좋아하기 시작했어요?

      _____

   5. 취미가 뭐예요? 언제부터 _____기 시작했어요?

      _____

G15.3 The conditional ~(으)면 'if, when'

F. Combine the sentences using ~(으)면.

> 보기: 날씨가 더워요. 수영하러 가요.
> → 날씨가 <u>더우면</u> 수영하러 가요.

1. 졸업해요. 한국에서 일 년 동안 일하고 싶어요.

   → _____

2. 배가 아파요. 병원에 가야 돼요.

   → _____

3. 한국어를 잘 하고 싶어요. 연습을 많이 해야 돼요.

   → _____

4. 돈이 없어요. 물만 마셔요.

   → _____

5. 시험이 있어요. 공부해야 돼요.

   → _____

6. 날씨가 추워요. 옷을 따뜻하게 입어야 돼요.

   → _____

G. Answer the questions in your own words.

1. 음악회 표가 두 장 있으면 누구하고 같이 가고 싶으세요?

   _____

2. 돈이 하나도 없으면 무엇을 먹어요?

   _____

3. 한국어 시험이 끝나면 무엇을 하고 싶으세요?

   _____

4. 돈을 많이 벌고 싶으면 어떻게 해야 돼요?

_____

5. 스트레스가 많으면 어떻게 해야 돼요?

_____

G15.4 ~(으)ㄹ 수 있다/없다 (potential)

H. Make sentences from the phrases given using ~(으)ㄹ 수 있다/없다. (오토바이 타다 'to ride a motorcycle')

보기:　피아노 치다 → 피아노 칠 수 있어요?

1. 바이올린 하다　　→ _____
2. 기타 치다　　　　→ _____
3. 차를 고치다　　　→ _____
4. 불고기를 만들다　→ _____
5. 돈을 벌다　　　　→ _____
6. 비디오 찍다　　　→ _____
7. 오토바이 타다　　→ _____
8. 매운 음식을 먹다 → _____

I. Complete the following sentences using ~(으)ㄹ수 없다.

보기:　샌디는 너무 피곤해서 _____.
　　　→ 샌디는 너무 피곤해서 <u>숙제할 수가 없었어요.</u>
　　　'Sandy was too tired to do the homework.'

1. 스티브는 너무 바빠서 _____.
2. 영미는 키가 작아서 _____.

3. 민지는 어제 아파서 _____.

4. 김선생님은 요즘 시간이 없어서 _____.

5. 저는 오늘 기분이 나빠서 _____.

6. 샌디는 돈이 없어서 _____.

7. 우리 할머니는 연세가 많으셔서 _____.

8. 방이 너무 더러워서 _____.

J. Change the sentences by using ~(으)ㄹ수 있다/없다.

> 보기: 여름 방학에 서울에 가고 싶은데 돈이 없어요.
> → 돈이 없기 때문에 여름 방학에 서울에 <u>갈 수 없어요.</u>

1. 내일 음악회에 가고 싶은데 시험이 있어요.

_____

2. 파티에 가고 싶은데 차가 고장 났어요. (고장 나다 'to be broken')

_____

3. 테니스를 치고 싶었는데 비가 오기 시작했어요.

_____

4. 집에 가고 싶은데, 도서관에서 일해야 돼요.

_____

5. 봄방학 때 여행 가고 싶었는데 시간이 없었어요.

_____

6. 샤워하고 싶었는데 더운 물이 안 나왔어요. (더운 물 'hot water')

_____

K. Translate the sentences using ~(으)ㄹ 수 있다/없다.

1. Sandy is too tired to watch a movie.

_____

2. 성희 is too busy to go to the movies.

_____

3. These clothes are too small to wear.

_____

4. 영미 was so sick that she couldn't go to school.

_____

G15.5 The comparative: 보다 (더) 'more than'

L. Compare the two items pictured using 보다 (더).

보기: 불고기 / 육개장

불고기보다 육개장이 더 매워요.

---

1. 샌드위치 / 햄버거   2. 치마 / 바지

_____   _____

3. 짜장면 / 스파게티   4. 커피 / 차

   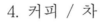

_____   _____

5. 버스/택시   6. 시장/백화점

_____   _____

M. Make comparisons using 보다 (더).

> 보기: 샌디는 돈이 100불 있어요. 영미는 10불 있어요.
>   → 샌디가 <u>영미보다</u> 돈이 <u>더</u> 많아요.

1. 한국 대학은 여름방학이 한 달 반이에요. 미국 대학은
   여름방학이 세 달이에요.

   _____

2. 스티브는 일 주일에 3시간 운동해요. 민호는 일 주일에 30분
   운동해요.

   _____

3. 갈비는 10불이에요. 비빔밥은 8불이에요.

   _____

4. 수잔은 열아홉 살이에요. 제임스는 스물두 살이에요.

   _____

5. 영미는 매일 아침 6시 반에 일어나요. 민지는 8시에 일어나요.

   _____

N. Translate the sentences using 보다.

1. Today is hotter than yesterday.

   _____

2. Mark is taller than Steve.

   _____

3. Korean restaurants are more expensive than Chinese restaurants.

_____

4. Korean food is spicier than Japanese food.

_____

5. New York is more crowded than Los Angeles.

_____

G15.6   ~(으)ㄹ 줄 알다/모르다 'know/not know how to'

O.   Make sentences as in the example. (축구하다 'to play soccer', 농구하다 'to play basketball')

보기: A: 골프 칠 줄 아세요?
         B: 네, <u>칠 줄 알아요.</u>/아니오, <u>칠 줄 몰라요.</u>

1.

A: _____
B: _____

2.

A: _____
B: _____

3.

A: _____
B: _____

4.

A: _____
B: _____

5.   6.

A: _____   A: _____

B: _____   B: _____

G15.7   ~(으)ㄹ 때 'when'

P.   Fill in the blanks with ~(으)ㄹ 때.

보기: 학교에 <u>올 때</u> 버스를 탑니다.

1. 시간이 _____ 친구한테 연락해요.
2. 아침을 _____ 보통 신문을 봐요.
3. 내가 집에 _____ 전화가 왔어요.
4. 한국에 _____ 대한항공 비행기를 탔어요. (대한항공 'KAL')
5. 스키 _____ 이 옷을 입어요.
6. 영화가 _____ 벌써 밤 11시 반이었어요.
7. 기분이 _____ 보통 음악을 들어요.

Q.   Draw a line from each item in the first column to one in the second to make a complete sentence.

어렸을 때   친구한테 물어봐요.
아침에 나갔을 때   서울에 살았어요.
시험때   12시까지 공부해요.
대답을 모를 때   추웠어요.
시간이 있을 때   영화를 봐요.

R.   Translate into Korean using ~(으)ㄹ 때.

1. 영미 eats tacos when she does not have much money.

    _____

2. 민지 could read Korean when she went to Korea.

    _____

3. Mark was very tall when he was young. (어리다 'to be young')

    _____

4. I call my parents when I don't have any money.

    _____

G15.8   ~기로 하다 'plan to/decide to'

S.   Answer the questions using ~기로 하다.

보기: A: 주말에 뭐 할 거예요?   B: 라스베가스에 여행 가기로 했어요. (라스베가스 'Las Vegas')

1. A: 새해 결심이 뭐였어요? (새해 결심 'New Year's resolution')
   B: _____

2. A: 졸업하고 나서 뭐 할 거예요?
   B: _____

3. A: 여름 방학 때 뭐 할 거예요?
   B: _____

4. A: 한국어 학기말 시험을 언제 보기로 했어요?
   B: _____

T. Translate into Korean using ～기로 하다.

1. I have decided to rest at home this weekend. (쉬다 'to rest')

   _____

2. I decided not to take the test. (Use ～지 않기로.)

   _____

3. John has decided not to drink. (술을 마시다 'to drink')

   _____

4. John decided to go to Korea this summer to learn Korean.

   _____

5. 영미 has decided not to watch TV too much.

   _____

6. Steve decided not to be late for class.

   _____

7. Linda decided to get up early.

   _____

Speaking Activities

Talking about favorite activities

A.　Based on each picture make up a dialogue as in the example.

(등산 가다 'to go hiking', 볼링 치다 'to bowl')

> 보기:　A: 시간 있을 때 보통 뭐 하세요?
>
> 　　　　B: 테니스 치는 걸 좋아해요.
>
> 　　　　A: 테니스는 언제부터 치기 시작했어요?
>
> 　　　　B: 오 년 전부터 치기 시작했어요.

1.

2.

3.

4.

B.　Interview three classmates in Korean and fill in the blanks with appropriate information:

	Student 1	Student 2	Student 3
1. 이름	_____	_____	_____
2. 나이	_____	_____	_____
3. 전공	_____	_____	_____
4. 취미	_____	_____	_____

C. Go around the classroom and find a student who can do each of the following.

1. 골프를 잘 칠 줄 아는 사람 _____

2. 피아노를 잘 칠 수 있는 사람 _____

3. 음식을 맛있게 만들 줄 아는 사람 _____

4. 볼링을 잘 칠 줄 아는 사람 _____

5. 기타를 치면서 노래를 잘 부를 수 있는 사람 _____

6. 오토바이를 잘 탈 수 있는 사람 _____

7. 그림을 잘 그릴 줄 아는 사람 _____

Now report your findings.

> 보기: 샌디는 골프를 잘 칠 줄 알아요.

D. Practice the following dialogue with a partner, supplying names in the blanks.

A: _____ 씨, 취미가 뭐예요?

B: 저는 그림 그리는 걸 좋아해요. _____ 씨는요?

A: 저는 오페라 보는 걸 좋아해요. 참, 오늘 저녁에 시간 있으면 오페라 보러 안 갈래요? 표가 두 장 있는데 . . .

B: 오늘은 집에 일찍 들어가야 돼요.

A: 그래요? 몇 시까지 가야 돼요?

B: 저녁 먹기 전에 들어 가야 돼요.

A: 몇 시쯤 저녁을 먹는데요?

B: 보통 7시 전에 먹어요.

Now complete the next dialogue by varying the patterns in this one.

A: _____ 씨, 취미가 뭐예요?

B: 저는 _____는 걸 좋아해요. _____ 씨는요?

A: 저는 _____는 걸 좋아해요.

   참, 오늘 저녁에 시간 있으면 _____ (으)러 안 갈래요?

   표가 두 장 있는데 . . .

B: 오늘은 집에 일찍 들어가야 돼요.

A: 그래요? 몇 시까지 가야 돼요?

B: _____ 전에 들어 가야 돼요.

Expressing determination

E. Imagine that it is New Year's Day. Describe your New Year's resolution in Korean using ～기로 하다 'decide to do' and ～지 않기로 하다 'decide not to do'.

보기: A: 새해 결심이 뭐예요? 'What is your New Year's resolution?'

        B: 책을 많이 <u>읽기로 했어요.</u> 'I decided to . . .'

           그리고 담배를 <u>피우지 않기로 했어요.</u> 'I decided not to . . .'

My New Year's Resolutions

～기로 하다

1. _____
2. _____
3. _____

～지 않기로 하다

1. _____
2. _____
3. _____

F. Ask your partner these questions.

1. 언제부터 한국어를 배우기 시작했어요?
2. 왜 한국어를 배우기로 했어요?
3. 취미가 뭐예요?
4. 언제부터 _____(the town you live in now)에 살기 시작했어요?
5. 돈이 만 불 있으면 뭘 하고 싶으세요?
6. 좋아하는 가수/배우가 누구예요? (가수 'singer', 배우 'actor')
7. 어떤 음악을/영화를/운동을 좋아하세요?
8. 음악회에 얼마나 자주 가세요?
9. 영화 보러 얼마나 자주 가세요?
10. 그림 그리는 거 좋아하세요?

G. Practice this dialogue with a classmate.

A: 오늘 저녁에 뭐 하실 거예요?
B: 남자 친구하고 영화 보러 가기로 했어요.
A: 어디서 만나기로 했어요?
B: 극장 앞에서 만나기로 했어요.
A: 영화 보고 나서 뭐 하기로 했어요?
B: 일본 식당에 가서 저녁 먹기로 했어요.
A: 그럼 저녁 재미있게 보내세요.
B: 고맙습니다. 내일 뵙겠어요.

Now complete the following dialogue. Use your own words to vary the dialogue.

A: 오늘 저녁에 뭐 하실 거예요?
B: _____기로 했어요.
A: 어디서 _____기로 했어요?

B: _____기로 했어요.

A: _____고 나서 뭐 하기로 했어요?

B: _____기로 했어요.

A: 그럼 저녁 재미있게 보내세요.

B: 고맙습니다. 내일 뵙겠어요.

H. Read the following ads for apartments. Discuss them by filling in the blanks in the dialogue.

Beverly Apt.

Two bedrooms

Two baths

10 miles from campus

Swimming pool

$700/month

Clean and spacious

Quiet location

(323) 789-6680

Lucky Apt.

One bedroom

One bath

Walking distance to campus

No swimming pool

$650/month

Old and dirty

Commercial area

(321) 623-9087

A: 어느 아파트가 더 싸요/조용해요/깨끗해요/학교에서 가까워요/넓어요/방이 많아요?

B: _____아파트가 _____ 아파트보다 더 _____어요/아요.

A: 어느 아파트에 이사가기로 했어요?

B: _____아파트가 _____ 아파트보다 더 방이 넓어서/조용하고 깨끗해서 _____에 이사하기로 했어요.

Talking about occupations

I. Discuss various occupations with a classmate as in the example. (가수 'singer', 간호사 'nurse', 경찰 'police officer', 과학자 'scientist', 비서 'secretary', 운동선수 'athlete', 의사 'doctor', 파일럿 'pilot', 화가 'painter')

보기: A: 어렸을 때 뭐가 되고 싶었어요?
B: 선생님이 되고 싶었어요
A: 지금은 뭐가 되고 싶은데요?
B: 엔지니어가 되고 싶어요.

운동선수

파일럿

과학자

화가

비서

가수

경찰

의사

간호사

Expressing emotions and feelings

J. Describe the feelings or emotions of the people pictured. (배가 고프다 'to be hungry', 외롭다 'to be lonely', 졸리다 'to feel sleepy', 행복하다 'to be happy', 슬프다 'to be sad', 화가 나다 'to be angry', 놀라다 'to be surprised', 착하다 'to be good', 기분이 나쁘다/좋다 'to feel bad/good')

_____ _____ _____

_____ _____ _____

K. Answer the following questions about yourself.

1. 기분이 좋을 때 보통 뭐 하세요?
2. 돈이 없을 때 뭐 먹어요?
3. 스트레스가 많을 때 보통 뭐 해요?
4. 심심할 때 뭐 해요? (심심하다 'to be bored')
5. 언제 제일 슬펐어요? (슬프다 'to be sad')
6. 오늘 기분이 어때요?
7. 어제 기분이 어땠어요?

L. Ask a classmate the following questions in Korean and report the answers to the class.

Classmate's name: _____ _____
1. What do you do when you are tired? (피곤하다 'to feel tired')
2. What do you do when you are bored?
3. What do you eat when you don't have very much money?
4. What do you do when you are angry? (화가 나다 'to be angry')
5. What do you do when you feel good?

M. Practice this dialogue. (무슨 일인데요? 'What happened?' 걱정하다 'to worry', 용기를 내세요. 'Cheer up!')

A: 오늘 기분이 너무 좋아요.
B: 왜요? 무슨 일인데요?

A: 한국어 시험에서 A를 받았어요.
B: 축하해요.
A: 고맙습니다.

Now complete the next two dialogues and practice them with a classmate. The box contains some sentences you might use.

Your rich aunt sent you $500 as a birthday present.
You got a job/a scholarship.
You are going out Friday night with a nice girl/boy.
You received an A on your economics test.

A: 오늘 기분이 너무 좋아요.
B: 왜요? _____?
A: _____
B: 축하해요.
A: 고맙습니다.

You feel very upset because you got a low score on a test.

A: 오늘 기분이 별로 좋지 않아요.
B: 왜요? _____?
A: _____
B: 너무 걱정하지 마세요. (Don't worry too much!)

Listening Comprehension

A. Listen to the following expressions, paying close attention to the pronunciation. Repeat after each. Each expression is repeated twice.

1. 괜찮으세요.
2. 듣기 시작하면
3. 들으면서
4. 시작했어요.
5. 시작하셨어요.
6. 싫어해요.
7. 오랫동안
8. 전화할게요.
9. 특히 잘 해요.
10. 할 줄 아세요?

B. Repeat after each phrase, paying close attention to the contrast between the two expressions. One phrase in each pair is repeated. Circle the phrase you hear.

1. 좋아하세요?   좋아했어요?
2. 시작하셨어요?   시장 가셨어요?
3. 못 배웠어요.   못 빼 왔어요.
4. 같이 가실래요?   같이 가시네요?
5. 전화할게요.   저 나갈게요.
6. 칠 줄 아세요?   7주 다 써요?
7. 아주 싫어해요.   아주 싫어요.
8. 보기로 했습니다.   보기도 했습니다.
9. 칠 수 있어요.   질 수 있어요.
10. 그릴 줄 알아요.   걸을 줄 알아요.
11. 듣기 시작해요.   듣기 싫어해요.
12. 특히 잘 해요.   특히 자라요.

C. Listen to the conversation between 민지 and 동수. Then fill in the blanks with true (T) or false (F).

1. _____ 동수 plays many different sports.
2. _____ 민지 plays tennis well.
3. _____ 동수 started to play tennis when he was a freshman in college.
4. _____ 민지 wants to play tennis with 동수.
5. _____ 민지 prefers to meet on Sunday rather than Saturday.
6. _____ They will meet at 7:00.

D. Listen to the conversation. Fill in the blanks with the appropriate answer.

1. 성희 enjoys _____ as a hobby.
   a. playing sports   b. listening to music
   c. going to movies   d. reading
2. 유진 enjoys _____ as a hobby.
   a. playing sports   b. listening to music
   c. going to movies   d. reading
3. 성희 went to a piano concert last _____.
   a. Friday   b. Saturday   c. Sunday
4. 성희 played the violin when she was in _____
   a. elementary school   b. high school   c. college
5. 유진 likes _____ music.
   a. rock   b. popular   c. classical   d. contemporary
6. There will be a _____ concert next week.
   a. violin   b. piano   c. vocal   d. rock

E. Listen as the following paragraph is read and fill in the blanks.

성희와 성희의 남자 친구 동수는 (1)＿＿＿＿＿＿가 아주
다릅니다. 동수는 (2)＿＿＿＿＿을 모두 좋아하고 음악을
싫어하지만, 성희는 (3)＿＿＿＿＿을 좋아하고 운동을 싫어합니다.
지난 (4)＿＿＿＿＿에는 (5)＿＿＿＿＿에 갔는데 동수가
바이올린 (6)＿＿＿＿＿를 들으면서 잠만 잤습니다. 이번
(7)＿＿＿＿＿에도 두 사람은 서로 다른 것을 하고 싶어합니다.
성희는 (8)＿＿＿＿＿에 가고 싶어하고, 동수는 (9)＿＿＿＿＿를
치고 싶어합니다. 그래서 (10)＿＿＿＿＿를 하기로 했습니다.
동수가 이기면 테니스를 치고 성희가 이기면 음악회에 가기로
했습니다.

F. Answer the taped questions about yourself in Korean.

1. ＿＿＿＿＿＿＿＿＿＿＿＿＿＿＿＿＿＿＿＿＿＿＿＿＿＿
2. ＿＿＿＿＿＿＿＿＿＿＿＿＿＿＿＿＿＿＿＿＿＿＿＿＿＿
3. ＿＿＿＿＿＿＿＿＿＿＿＿＿＿＿＿＿＿＿＿＿＿＿＿＿＿
4. ＿＿＿＿＿＿＿＿＿＿＿＿＿＿＿＿＿＿＿＿＿＿＿＿＿＿
5. ＿＿＿＿＿＿＿＿＿＿＿＿＿＿＿＿＿＿＿＿＿＿＿＿＿＿
6. ＿＿＿＿＿＿＿＿＿＿＿＿＿＿＿＿＿＿＿＿＿＿＿＿＿＿
7. ＿＿＿＿＿＿＿＿＿＿＿＿＿＿＿＿＿＿＿＿＿＿＿＿＿＿
8. ＿＿＿＿＿＿＿＿＿＿＿＿＿＿＿＿＿＿＿＿＿＿＿＿＿＿

Reading Activities

Read the passage and complete the exercises that follow it.

마크는 클래식 음악을 좋아합니다. 그래서 지난 주 금요일 밤에도 피아노 콘서트에 갔다 왔습니다. 마크는 어렸을 때 피아노를 자주 쳤지만 지금은 별로 치지 않습니다.

유진이는 바이올린 음악을 좋아합니다. 유진이는 삼 년 전부터 바이올린을 배우기 시작했습니다. 다음 주 토요일에 성희하고 같이 바이올린 콘서트에 가기로 했습니다.

민지의 취미는 그림 그리는 것입니다. 민지는 주말에 시간이 있으면 그림 그리러 자주 산에 갑니다. 민지는 클래식 음악보다 팝송을 많이 듣습니다. 민지가 음악을 듣기 시작하면 룸메이트가 아주 싫어합니다. 그래서 민지는 지난주에 헤드폰을 하나 샀습니다.

동수는 운동을 다 좋아하고 음악은 싫어합니다. 지난주에 동수는 여자 친구 성희하고 음악회에 갔는데 음악을 들으면서 잠만 잤습니다.

1. Write each person's hobby in the box.

이름	마크	유진	민지	동수
취미				

2. Answer the questions in Korean.

   a. 유진이는 언제부터 바이올린을 배우기 시작했습니까?

   _____

   b. 민지는 어떤 음악을 많이 듣습니까?

   _____

   c. 민지는 왜 헤드폰을 샀습니까?

   _____

   d. 동수는 음악회에 가서 무엇을 했습니까?

   _____

Writing Activities

A.   Write about your favorite pastime or hobby in Korean.

_____

_____

_____

_____

_____

_____

_____

_____

B.   Ask a student in your class the questions below. Then write the questions and answers in Korean.

1. If you won a million dollars in a lottery, what would you like to do?
2. If you were a teacher of Korean, what would you do? (Use ~이라면.)
3. If you went to Korea, where would you like to visit?
4. What do you usually you when you have free time?

Classmate's name: _____

Interview questions and answers

1. Q. _____
    A. _____
2. Q. _____
    A. _____

3. Q. _____

A. _____

4. Q. _____

A. _____

C. Complete the following sentences. (이를 닦다 'to brush teeth', 데이트하다 'to date')

1. 한국어 수업에 가기 전에 _____.

2. 아침에 이를 닦기 전에 _____.

3. 파티에 가기 전에 _____.

4. 데이트하기 전에 _____.

5. 돈이 많이 있으면 _____.

6. 한국말을 잘 하면 _____.

7. 스키를 잘 탈 줄 알면 _____.

8. 아침에 샤워하면서 _____.

9. 오늘은 시간이 없기 때문에 _____.

10. 수업이 없을 때 _____.

D. Complete the following dialogues:

1. A: _____?

B: 테니스를 좋아해요.

A: _____?

B: 중학교 때부터 치기 시작했어요.

A: _____?

B: 아뇨, 저는 잘 못 쳐요.

A: 이번 주말에 시간 있으세요?

시간 있으면 제가 가르쳐 드릴게요.

B: 고맙습니다. _____?

A: 저는 아침보다 저녁이 좋은데요.

B: 그럼 토요일 저녁 7시에 테니스 코트에서 만나요.

2. A: _____?

B: 저는 음악 듣는 걸 좋아해요. 마크 씨는 취미가 뭐예요?

A: 저도 _____.

B: 어떤 음악을 좋아하세요?

A: 바이올린 음악을 좋아해요.

B: _____?

A: 네, 좀 할 줄 알아요.

B: 이번 주말에 음악회가 있는데 _____?

A: 네, 좋아요. 같이 가요.

E. Pretend you are a reporter interviewing a student in your Korean class. Ask the questions below.

1. 성함이 어떻게 되세요?
2. 고향이 어디예요?/어디서 태어났어요?/어디서 오셨어요?
3. 뭐 전공하세요?
4. 가족이 몇 명이에요? 가족은 어디 사세요?
5. _____(the city you live in now)에 오기 전에 어디서 살았어요?
6. 언제부터 _____(the city above)에 살기 시작했어요?
7. 졸업하고 나서 무슨 일을 하고 싶으세요?
8. 무슨 운동을 제일 잘 할 줄 아세요?
9. 시간이 있을 때 보통 뭐 하세요?
10. 돈이 십만 불 있으면 뭘 하고 싶으세요? (십만 불 '$100,000')
11. 같이 여행을 가고 싶은 사람이 누구예요?
12. 같이 저녁을 먹고 싶은 사람이 누구예요?
13. 좋아하는 가수가 누구예요?

F. Write an article about the classmate you interviewed. (Optional: Read the article to the class.)

_____

_____

_____

_____

_____

_____

_____

_____

_____

_____

_____

G. Extra credit: Interview a student from Korea at your school. Write an article about that person and read it to the class.

H. Compare two singers, actors, or athletes.

_____

_____

_____

_____

_____

_____

_____

_____

I. Compare two members of your family in terms of likes, dislikes, and hobbies.

_____

_____

_____

_____

_____

_____

_____

J. 시간 있을 때 뭐 하는 걸 좋아하세요?

(List what you like to do when you have spare time.)

보기: 음악 듣는 것, 테니스 치는 것, 여행 가는 것 . . .

_____는 것, _____는 것, _____는 것

_____는 것, _____는 것, _____는 것

K. 언제 제일 기분이 좋았어요? 그리고 언제 기분이 세일 나빴어요?

(Describe in detail.)

_____

_____

_____

_____

_____

_____

Expressing capabilities and incapabilities

L.   Ask a classmate these questions. Write the answers in Korean.

Classmate's name _____

1. Can you play the piano well?

    Q: _____

    A: _____

2. Can you play the guitar? (기타 'guitar')

    Q: _____

    A: _____

3. Can you sing (a song) well?

    Q: _____

    A: _____

4. Can you ride a motorcycle (오토바이)?

    Q: _____

    A: _____

5. What can you cook?

    Q: _____

    A: _____

6. What kind of musical instrument(s) can you play?

    (악기 'instrument', 하다 'play')

    Q: _____

    A: _____

L.   Translate the following sentences into Korean.

  1. When Steve called me last night, I was taking a shower.

    _____

  2. When the movie was over, it was already 11 P.M.

    _____

3. When I was fifteen (years old), I traveled to Europe with my parents.

---

4. At the age of eight, I was attending an elementary school in Los Angeles.

---

5. Do you listen to music when you study?

---

6. Please don't eat (food) while driving.

---

7. I couldn't play tennis because it was raining.

---

8. Young-mee could speak Korean before she lived in Korea.

---

9. Sandy couldn't call Prof. Kim because she didn't have his number.

---

10. Mark couldn't take a taxi because he didn't have enough money.

---

11. I cannot watch television because I have to make dinner.

---

12. Sunghee is too tired to play tennis.

---

13. I have to go home before seven. (Use 전에)
